EPIKTET

LEBENS KUNST

EPIKTET LEBENS KUNST

DAS KLASSISCHE HANDBUCH FÜR CHARAKTERKRAFT, GLÜCK UND WIRKSAMKEIT

EINE NEUINTERPRETATION VON SHARON LEBELL

ÜBERSETZUNG AUS DEM ENGLISCHEN VON HANS WIDMANN

FBV

Bibliografische Information der Deutschen Nationalbibliothek
Die Deutsche Nationalbibliothek verzeichnet diese Publikation in der Deutschen Nationalbibliografie. Detaillierte bibliografische Daten sind im Internet über https://dnb.de abrufbar.

Für Fragen und Anregungen
info@m-vg.de

Wichtiger Hinweis
Ausschließlich zum Zweck der besseren Lesbarkeit wurde auf eine genderspezifische Schreibweise sowie eine Mehrfachbezeichnung verzichtet. Alle personenbezogenen Bezeichnungen sind somit geschlechtsneutral zu verstehen.

1. Auflage 2024

Türkenstraße 89
80799 München
Tel.: 089 651285-0

Redaktion: Silke Panten
Korrektorat: Manuela Kahle
Umschlaggestaltung: Karina Braun
Foto Seite 175: Terrence John Shea
Satz: Carsten Klein, Torgau
Druck: GGP Media GmbH, Pößneck
Printed in Germany

ISBN Print 978-3-95972-757-0
ISBN E-Book (PDF) 978-3-98609-472-0
ISBN E-Book (EPUB, Mobi) 978-3-98609-473-7

Weitere Informationen zum Verlag finden Sie unter

www.finanzbuchverlag.de

Beachten Sie auch unsere weiteren Verlage unter www.m-vg.de

Inhalt

Prolog

Warum übt Epiktets Werk auch heute noch einen solch starken Reiz auf seine Leser aus? Warum ist sein Einfluss auch heute noch ungebrochen? Zum Teil liegt das sicher daran, dass er nicht zwischen professionellen Philosophen und dem gemeinen Volk unterschied. Seine Botschaft war klar, bestimmt und unterschiedslos an all diejenigen gerichtet, die sich ein moralisch bewusstes Leben zum Ziel setzten.

Nichtsdestotrotz war Epiktet fest davon überzeugt, dass es einer fundierten Ausbildung bedarf, wenn jemand seinen Charakter weiterentwickeln und sein Verhalten verfeinern wollte. Moralischer Fortschritt ist nach seiner Ansicht aber weder das Hoheitsgebiet der Bessergestellten noch das Ergebnis von Zufall oder Glück, sondern das Resultat von beständiger Arbeit an sich selbst – und zwar täglich.

Epiktet wäre wohl eher ungehalten über das aggressive Beziehen und Verteidigen von Positionen oder über das verbale Pirouettendrehen, das heutzutage bisweilen als »Philosophieren« an neuzeitlichen Universitäten durchgeht. Als Meister der eingängigen Erklärung würde ihm gleichzeitig das undurchsichtige Geschwafel, das sich heute häufig in akademischen, philosophischen und anderen trockenen Aufsätzen findet, als sehr verdächtig erscheinen. Ebenso wie er leidenschaftlich das gewollte Zurschaustellen von Schlauheit anprangerte, sah er sich in gleichem Maße dazu verpflichtet, freimütig und selbstlos die Lehre für ein gut gelebtes Leben weiterzugeben. Er betrachtete sich selbst dann als erfolgreich, wenn er es schaffte, seine Ideen leicht verständlich zu machen und ihnen *praktische Brauchbarkeit* für das Leben eines Menschen zu verleihen, wenn sie also dazu beitragen konnten, den Charakter einer Person auf eine höhere Stufe zu heben.

Der Geist von Epiktets demokratischen und lebensnahen Grundsätzen ist auch in diesem Buch zu finden: Die Schlüsselsätze der stoischen Philosophie werden in einer Sprache wiedergegeben, die den heutigen Leserinnen und Lesern gut verständlich ist. Um Epiktets Lehren so geradlinig und anwendungsfreundlich wie möglich zu veranschaulichen, habe ich die Ideen, die in den *Unterredungen* und im *Handbüchlein der Moral* dargelegt sind (den einzig überlebenden Quellen seiner Lehren), zum Teil selektiert, interpretiert und bisweilen sogar improvisiert. Mein Ziel war es, den authentischen Geist der Lehren Epiktets weiterzugeben, aber nicht unbedingt in wortgetreuer Übertragung. Dafür habe ich die verschiedenen Übersetzungen seiner Lehren herangezogen und dem, was er meiner Meinung nach heute gesagt hätte, frischen Ausdruck verliehen.

Epiktet hat die Wirksamkeit praktischer Tätigkeit gut verstanden. Er hielt seine Schüler dazu an, cleveres Theoretisieren zu vermeiden und stattdessen seine Lehre aktiv auf die konkreten Umstände des täglichen Lebens anzuwenden. Ganz in seinem Sinne habe ich in diesem Buch versucht, die Grundgedanken seiner Lehre in einer zeitgemäßen und gleichzeitig provokativen Weise darzulegen, die nicht nur zum Nachdenken anregt, sondern seine Leserinnen und Leser ebenso dazu inspiriert, die kleinen und sukzessiven Veränderungen in ihrem Alltag vorzunehmen, die letztlich zu persönlicher Würde und einem sinn- und werthaltigen Leben führen.

Der Geist Epiktets

Wie kann ich ein glückliches und erfülltes Leben führen? Wie kann ich ein guter Mensch sein? Mit ganzer Leidenschaft widmete sich Epiktet, der großartige stoische Philosoph, der Beantwortung dieser beiden Fragen. Obwohl seine Lehre aufgrund des Niedergangs der klassischen Ausbildung heute weniger bekannt ist, übte sie über fast zwei Jahrtausende enormen Einfluss auf führende Denker aus, die sich mit der Frage der Kunst des Lebens auseinandersetzten.

Epiktet wurde als Sklave um das Jahr 55 n. Chr. in Hierapolis in Phrygien, dem heutigen Pamukkale in der Westtürkei, am östlichen Randgebiet des römischen Imperiums, geboren. Sein Besitzer war Epaphroditus, der administrative Sekretär Neros. Schon in früher Kindheit zeigte sich Epiktets überragendes intellektuelles Potenzial und Epaphroditus war davon so beeindruckt, dass er den jungen Mann nach Rom schickte, um ihn unter dem berühmten stoischen Lehrer Gaius Musonius Rufus studieren zu lassen. Dessen Werk, das uns auf Griechisch überliefert ist, enthält sowohl Argumente für eine gleichwertige Erziehung von Mann und Frau als auch gegen die sexuelle Doppelmoral in der Ehe. Epiktets legendäre egalitäre Gesinnung mag sich unter seiner Anweisung herausgebildet haben. Epiktet wurde in der Folge der am meisten gefeierte Schüler von Musonius Rufus und kam schließlich aus der Sklaverei frei.

Epiktet lehrte in Rom bis zum Jahr 94 n. Chr. Zu diesem Zeitpunkt sah sich der herrschende Kaiser Domitian durch den in dieser Zeit wachsenden Machteinfluss verschiedener Philosophen bedroht und verwies Epiktet daraufhin der Stadt. Den Rest seines Lebens verbrachte Epiktet in Nicopolis, an der Nordwestküste Griechenlands. Hier eröffnete er eine philosophische Schule und verbrachte seine Zeit damit, Vorlesungen darüber zu halten, wie ein Leben in größerer Würde und Gelassenheit zu leben sei. Einer seiner vornehmsten Studenten war der junge Marcus Aurelius Antoninus (im Deutschen meist Mark Aurel), der später zum Kaiser des Römischen Reiches aufsteigen sollte. In seiner späteren Kaiserzeit verfasste der die berühmten *Meditationen*, ein Buch, dessen stoische Wurzeln in Epiktets moralischen Grundsätzen zu finden sind.

Obwohl Epiktet ein exzellenter Meister der Logik und Disputation war, hielt er sich weit davon entfernt, seine überragenden rhetorischen Fähigkeiten zur Schau zu stellen. Sein Auftreten war das eines heiteren und bescheidenen Lehrers, der seine Schüler stets mit Nachdruck dazu aufforderte, mit aller Kraft ein Leben in Weisheit anzustreben. Epiktet lebte vor, was er predigte: Er wohnte anspruchslos in einer kleinen Hütte und war gänzlich uninteressiert an Ruhm, Reichtum und Macht. Er starb um das Jahr 135 n. Chr. in Nicopolis.

Epiktet glaubte, dass es die vornehmlichste Aufgabe der Philosophie sei, gewöhnlichen Durchschnittsmenschen zu helfen, die Herausforderungen des Alltags effektiv zu meistern und mit den unvermeidlichen Verlusten, den Enttäuschungen und der Trauer, die Teil eines jeden menschlichen Lebens sind, erfolgreich umzugehen. Seine moralische Lehre war frei von jeglicher Sentimentalität, Frömmelei oder metaphysischem Kauderwelsch. In der Essenz ist sie der erste und gleichzeitig beste Leitfaden der westlichen Welt, um ein bestmögliches Leben zu führen.

Viele Leserinnen und Leser auf der Suche nach geistiger Führung ohne religiöse Eiferei haben sich lange Zeit östlichen Quellen zugewandt. Dabei gab es im Westen schon immer einen klassischen, lebendigen, jedoch trotzdem gern übersehenen Schatz hilfreicher und praktischer Weisheit. Unstrittig ist Epiktet einer der geistreichsten Lehrer der Geschichte; seine Lehre steht auf gleicher Stufe mit der tiefgreifendsten Weisheitsliteratur der menschlichen Zivilisation. Die *Unterredungen* können als die Antwort des Westens auf das buddhistische *Dhammapada* oder das *Tao-Te-King* von Lao Tse betrachtet werden. Diejenigen, die die westliche Philosophie bezichtigen, zu kopflastig zu sein und die nicht rationalen Dimensionen des Lebens nicht genügend zu beleuchten, sind möglicherweise überrascht davon, dass die *Lebenskunst* in der Tat eine Philosophie der inneren Freiheit und Gelassenheit beschreibt, eine Lebensweise, deren Absicht es ist, unsere Seelen zu erleichtern.

Ein unerwarteter Ost-West-Duft durchströmt die *Lebenskunst.* Einerseits ist der Stil unleugbar westlich: Der Text huldigt der Vernunft und ist angefüllt mit strengen, unmissverständlichen Anweisungen. Andererseits scheint aber auch eine sanfte östliche Brise durch die Zeilen zu wehen, besonders wenn Epiktet die Natur des Universums diskutiert. Seine Beschreibung der vollendeten Wirklichkeit beispielsweise, die er mit dem Begriff der Natur gleichsetzt, ist bemerkenswert fließend und schwer definierbar: Ein Stil, der überraschenderweise sehr an das *Tao* erinnert.

Für Epiktet sind die Begriffe des glücklichen Lebens und des charakterstarken Lebens bedeutungsgleich. Glück und Selbstverwirklichung sind die natürlichen Folgen einer richtigen Handlungsweise. Im Gegensatz zu anderen Philosophen seiner Zeit war Epiktet weniger an der Suche nach dem Verständnis der Welt interessiert, sondern beschäftigte sich vornehmlich mit den spezifischen Schritten, die im Streben nach moralischer Exzellenz erforderlich sind. Teil seiner originären Schöpferkraft ist dabei, dass er nachdrücklich den moralischen *Fortschritt* über die Suche nach moralischer *Perfektion* stellt. Er hatte ein scharfsinniges Verständnis dafür, wie leicht wir Menschen uns davon ablenken lassen, ein Dasein nach höchsten Prinzipien zu führen; deshalb ermuntert er uns dazu, das weise Leben als eine stetige Aufeinanderfolge von vielen Schritten zu betrachten, sodass es sich zunehmend unseren eigenen wertgeschätzten, persönlichen Idealen annähert.

Nach Epiktets Vorstellung besteht das »gute Leben« nicht darin, einer festgelegten Liste von Verordnungen zu folgen. Vielmehr gilt es, unser Handeln und unser Verlangen in Einklang mit der Natur zu bringen. Wichtig ist nicht, richtig zu handeln, um uns die Götter gewogen zu machen oder die Anerkennung anderer zu gewinnen, sondern vielmehr um eine heitere Gemütsruhe zu erlangen, die mit fortdauernder innerer Freiheit einhergeht. Die Suche nach dem rechtschaffenen Leben ist ein Unterfangen mit Chancengleichheit, für jede und jeden von uns zu jeglichem Zeitpunkt verfügbar, egal, ob reich oder arm, gebildet oder schlicht. Keinesfalls ist es das exklusive Hoheitsgebiet »vergeistigter Berufsdenker«, es ist also gar nicht nötig, Mönch, Heiliger oder Asket zu sein.

Epiktet beförderte ein Verständnis von Tugend, das einfach, simpel und alltäglich in seinem Ausdruck war. Er bevorzugte eine beständige Existenz im Einklang mit dem göttlichen Willen einer Zurschaustellung von außerordentlicher, hervorragender und heldenhafter Tugendhaftigkeit. Sein Rezept für ein gutes Leben konzentrierte sich auf drei Hauptthemen: auf die Beherrschung der Begierden, die Ausführung der Pflichten und das Erlernen einer klaren Denkweise, nicht nur was das eigene Leben betrifft, sondern auch die persönlichen Beziehungen mit der weitergefassten menschlichen Gemeinschaft umfassend.

Epiktet war sich bewusst, dass unser alltägliches Dasein mit vielerlei Schwierigkeiten angefüllt ist. Er verbrachte sein Leben damit, den Weg zu Glück, Erfüllung und Gelassenheit zu skizzieren, ganz unabhängig von den Lebensumständen, in denen sich jemand wiederfinden mag. Seine Lehren, einmal von ihren altertümlichen kulturellen Eigenarten befreit, haben eine seltsam anmutende zeitgemäße und moderne Relevanz. Zeitweise gleicht seine Philosophie dem, was die Spitzenpsychologie der Jetztzeit zu bieten hat. Das Gelassenheitsgebet, das den Kern der heutigen Achtsamkeitsbewegung wiedergibt – »Gib mir die Gelassenheit, Dinge hinzunehmen, die ich nicht ändern kann, den Mut, Dinge zu ändern, die ich ändern kann, und die Weisheit, das eine vom anderen zu unterscheiden« –, könnte genauso gut ein Satz aus dem hier vorliegenden Buch sein. In der Tat bezieht das moderne psychologische Prinzip des Selbstmanagements seine tieferen Wurzeln unter anderem aus dem Gedankengut Epiktets.

Auf der anderen Seite zeigt sich Epiktet aber auch sehr traditionell und unzeitgemäß. Während unsere heutige Gesellschaft (nicht immer explizit, aber doch in der Praxis) berufliche Errungenschaften, Reichtum, Macht und Ruhm als begehrens- und bewundernswert betrachtet, sieht Epiktet solche Dinge als nebensächlich und irrelevant in Bezug auf ein wirklich glückliches Dasein an. In seinen Augen ist es viel wichtiger, in welche Richtung wir unsere Persönlichkeit entwickeln und auf welche Art wir unser Leben tatsächlich leben.

Mache dir selbst zuerst klar,
was und wer du sein möchtest;
dann tue, was du zu tun hast.

EIN HANDBUCH
FÜRS LEBEN

Einladung zum *Handbuch* fürs Leben

Epiktet war ein Vortragsredner und hinterließ keinerlei philosophische Schriften. Glücklicherweise wurden die Hauptpunkte seiner Philosophie von seinem hingebungsvollen Schüler, dem Historiker Flavius Arrian, für zukünftige Generationen dokumentiert. Arrian hielt einen großen Teil der Vorlesungen seines Lehrers für einen Freund in griechischer Sprache schriftlich fest. Diese Vorlesungen, auch bekannt als *Unterredungen* (oder *Diatribai*),* bildeten im Original eine Sammlung von acht Büchern, von denen allerdings nur vier überliefert sind. Epiktets Vorlesungen gehören zu den Hauptquellen für unser heutiges Verständnis der römischen stoischen Philosophie.

Epiktets *Handbüchlein der Moral* (oder *Encheiridion*)** ist eine knappe Sammlung von Auszügen aus den Unterredungen, die eine bündige Zusammenfassung seiner bedeutendsten Lehren bildet. Es entspricht in seiner äußeren Form in etwa den damals gebräuchlichen militärischen Handbüchern und zeigt demzufolge in Teilen die gleiche kühne Einfachheit wie beispielsweise der Klassiker *Die Kriegskunst* (*Epitoma rei militaris*) von Flavius Vegetius Renatus. Damalige Soldaten

---

* Anm. d. Red.: Mehr Informationen dazu unter https://link.springer.com/referenceworkentry/10.1007/978-3-476-05728-0_7693-1

** Anm. d. Red.: Mehr Informationen dazu unter https://link.springer.com/referenceworkentry/10.1007/978-3-476-05728-0_7694-1

nahmen das Handbüchlein manchmal sogar mit aufs Schlachtfeld. Über Jahrhunderte und kulturübergreifend verließen sich Weltführer, Generale und Normalsterbliche auf das *Handbüchlein* als Anleitung für persönliche Gemütsruhe und als moralischen Richtungsgeber inmitten der Prüfungen des täglichen Lebens.

Anm. d. Red.: Die Autorin Sharon Lebell greift für ihre Bearbeitung auf die englischen Übersetzungen von George Long, William Abbott Oldfather und Thomas Wentworth Higginson zurück.

Wisse, was du kontrollieren kannst und was nicht

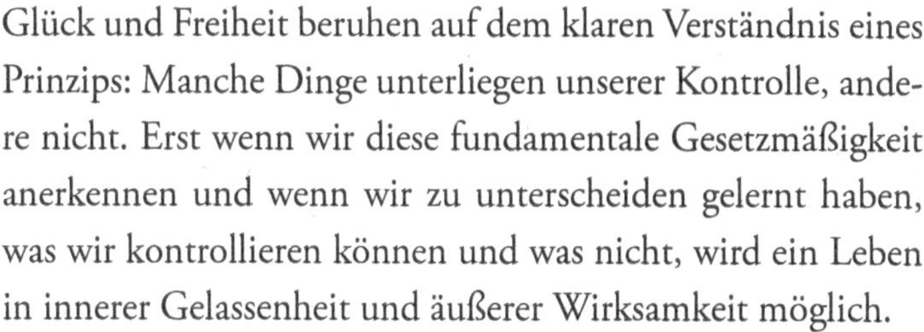

Glück und Freiheit beruhen auf dem klaren Verständnis eines Prinzips: Manche Dinge unterliegen unserer Kontrolle, andere nicht. Erst wenn wir diese fundamentale Gesetzmäßigkeit anerkennen und wenn wir zu unterscheiden gelernt haben, was wir kontrollieren können und was nicht, wird ein Leben in innerer Gelassenheit und äußerer Wirksamkeit möglich.

Unserer Kontrolle unterliegen unsere Ansichten, unsere Bestrebungen, unsere Wünsche und das, was uns zuwider ist. Diese Dinge sind zu Recht für uns von Belang, weil wir direkten Einfluss auf sie haben. Wir haben stets die Macht, den Gehalt und den Charakter unseres inneren Lebens zu wählen.

Außerhalb unserer Kontrolle dagegen liegen Einzelheiten wie die Art des Körpers, den wir bewohnen, ob wir in Wohlstand hineingeboren werden oder ob wir im Lauf unseres Daseins reich werden, welche Ansichten andere über uns haben oder auch unser Status innerhalb der Gesellschaft. Es ist wichtig, sich darauf zu besinnen, dass diese Dinge sämtlich Äußerlichkeiten darstellen und daher nicht von Belang für uns sind. Wenn wir versuchen zu beherrschen, was außerhalb unseres Kontrollbereiches liegt, führt das unweigerlich zu innerer Qual.

Bedenke: Was in unserer Macht steht, ist von Natur aus frei für uns verfügbar, ohne Einschränkungen oder Hindernisse; die Dinge außerhalb unseres Machtbereichs dagegen sind schwächlich und unfrei oder sind von den Launen oder Taten anderer abhängig. Bedenke ebenso: Wenn du meinst, freie Verfügung über die Dinge zu haben, die sich von Natur aus außerhalb deines Kontrollbereichs befinden, oder wenn du dich daran machst, die Angelegenheiten anderer als deine eigenen zu betrachten, dann sind deine Bestrebungen zum Scheitern verurteilt und du läufst Gefahr, zu einem enttäuschten, ängstlichen und nörgelnden Menschen zu werden.

Kümmere dich um deine eigenen Angelegenheiten

❖

Konzentriere dich vollständig auf deine eigenen Belange und mache dir klar, dass die Angelegenheiten anderer deren Sache sind und nicht die deinen. Wenn du diesem Imperativ folgst, wirst du dich niemals unter Zwang gesetzt sehen und niemand kann dir im Weg stehen. Du bist völlig frei und ganz wirksam, denn dein Streben ist auf guten Nutzen gerichtet und wird nicht im Unverstand damit vergeudet, Fehler bei anderen zu suchen oder sie gar zu bekämpfen.

Hast du gelernt, deine Angelegenheiten tatsächlich von denen anderer abzugrenzen und schenkst du ihnen dann deine volle Aufmerksamkeit, kannst du nicht dazu gebracht werden, irgendetwas gegen deinen Willen zu tun; andere können dich nicht kränken, du ziehst dir keine Feinde zu und erleidest keinen Schaden.

Wenn du es dir zum Ziel gesetzt hast, nach diesen Prinzipien zu leben, dann bedenke, dass es nicht einfach sein wird: Einige Dinge musst du gänzlich aufgeben, andere musst du vorerst auf später verschieben. Gut möglich, dass du auf Reichtum und Macht verzichten musst, um den Erwerb von Glück und Freiheit sicherzustellen.

Erkenne das wahre Wesen von Phänomenen

Übe dich darin, von heute an zu allem, was dir unangenehm erscheinen mag, zu sagen: Du bist nur ein Fantasiegebilde und in Wirklichkeit keinesfalls das, als was du dich zeigst. Dann betrachte die Angelegenheit eingehend unter den Gesichtspunkten, die wir gerade besprochen haben, vor allem: Betrifft dieses Phänomen etwas, das meiner Kontrolle unterliegt, oder betrifft es etwas, über das ich keine Macht besitze? Wenn es etwas anbelangt, was außerhalb deines Einflussbereiches liegt, übe dich darin, dir keine Gedanken darüber zu machen.

Das Verlangen erfordert seine eigene geistige Fertigkeit

❖

Unsere Begierden und Abneigungen sind unbeständige Regenten. Sie verlangen nach Befriedigung. Das Verlangen gebietet uns, loszulaufen und das Geforderte zu besorgen. Die Abneigung besteht darauf, dass wir vermeiden, was wir ablehnen. Normalerweise sind wir enttäuscht, wenn wir nicht bekommen, was wir gerne wollen, und unglücklich, wenn wir bekommen, was wir nicht wollen.

Wenn du also nur die unerwünschten Dinge vermeidest, die deinem natürlichen Wohlbefinden entgegenstehen und über die du Kontrolle hast, dann wirst du niemals in die Situation geraten, dass du etwas auf keinen Fall willst. Versuchst du auf der anderen Seite Unausweichlichkeiten wie Krankheit, Tod oder Missgeschick zu entgehen, Vorkommnisse also, über die du keinerlei Macht hast, dann werden sowohl du als auch die Menschen in deiner Umgebung darunter zu leiden haben.

Begehren und Aversion sind machtvolle Antriebe, aber in Wirklichkeit nur Habitus. Wir können uns darin schulen, bessere Verhaltensweisen zu besitzen. Unterdrücke die Angewohnheit, all die Gegebenheiten abzulehnen, die außerhalb deiner Kontrolle liegen; stattdessen konzentriere dich darauf, Sachverhalte anzugehen, die negative Auswirkungen für dich haben, die du aber gleichzeitig beeinflussen kannst.

Versuche nach besten Kräften, deine Begierden zu zügeln. Denn wenn du etwas begehrst, was außerhalb deiner Kontrolle liegt, ist Enttäuschung die sichere Folge davon; in der Zwischenzeit vernachlässigst du genau die Dinge, die du kontrollieren kannst und die deines Verlangens wert sind.

Natürlich gibt es Zeiten, zu denen du aus praktischen Gründen eine Sache der anderen vorziehen musst. In solchen Fällen agiere mit Anstand, Intelligenz und Flexibilität.

Sieh die Dinge, wie sie sind

Lebensumstände präsentieren sich nicht, um unsere Erwartungen zu erfüllen. Ereignisse geschehen, während sie sich ereignen. Menschen verhalten sich nach ihrer Weise. Nimm bereitwillig an, was dir geschieht.

Gehe mit offenen Augen durch die Welt: Sieh die Dinge in ihrer tatsächlichen Wirklichkeit, dadurch ersparst du dir den Schmerz falscher Abhängigkeiten und vermeidbarer Katastrophen.

Denke darüber nach, was dir Freude macht – deine Kenntnisse und Fertigkeiten, die dir zur Verfügung stehen, die Mitmenschen, die du wertschätzt. Bedenke aber auch, dass auch diese ihren ganz eigenen Charakter haben, was im entscheidenden Unterschied dazu steht, in welchem Licht wir sie sehen.

Zur Übung betrachte die kleinsten Dinge, an denen dein Herz hängt. Das mag beispielsweise deine Lieblingstasse sein. Es ist im Grunde nur eine Tasse; sollte sie zerbrechen, könntest du damit leben. Für die nächste Stufe nimm dir Dinge – oder Menschen – vor, zu denen du ein intensiveres inneres Verhältnis hast. Bedenke beispielsweise, dass, wenn du dein Kind, deinen Mann oder deine Frau in den Arm nimmst, du ein sterbliches Wesen umarmst. Demzufolge könntest du es mit innerer Ruhe ertragen, wenn einer von diesen nicht mehr sein sollte.

Wenn etwas geschieht, dann ist das Einzige, was in deiner Macht steht, deine Einstellung dem Geschehnis gegenüber; du kannst es entweder akzeptieren oder dich innerlich dagegen auflehnen. Wovor wir uns wirklich fürchten und was uns zur Verzweiflung bringt, sind nicht die externen Ereignisse selbst, sondern wie wir darüber denken. Es sind nicht die Vorkommnisse an sich, die uns aus der Ruhe bringen, sondern unsere Interpretation ihrer Wichtigkeit.

Hör damit auf, dich von wilden Ahnungen und reaktiven Vermutungen über die Verhältnisse der Dinge in Panik versetzen zu lassen.

Dinge und Menschen sind weder, wie wir sie uns zu sein wünschen, noch, was sie zu sein scheinen. Sie sind, was sie sind.

Bringe deine Taten in Harmonie mit der Lebenswirklichkeit

Versuche nicht, deine eigenen Regeln aufzustellen. Verhalte dich in allen Lebenslagen, ob signifikant und öffentlich oder unbedeutend und privat, in Übereinstimmung mit den Gesetzen der Natur. Dein höchstes Ideal soll es sein, deinen Willen mit der Weltnatur in Übereinstimmung zu bringen.

Wo kannst du dieses Ideal praktizieren? In den Einzelheiten deines täglichen Lebens mit seinen einzigartigen persönlichen Aufgaben und Pflichten. Wenn du deine Angelegenheiten erledigst, wenn du beispielsweise ein einfaches Bad nimmst, dann tue dies – nach deinen besten Kräften – im Einklang mit der Natur. Wenn du isst, dann iss – nach deinen besten Kräften – im Einklang mit der Natur und so weiter.

Unsere Handlungen sind nicht entscheidend, wohl aber wie wir sie ausführen. Wenn wir dieses Prinzip vollkommen verstanden haben und stets danach handeln, ist innerer Friede auch dann möglich, wenn wir auf Schwierigkeiten treffen. Denn auch jene sind Teil der göttlichen Ordnung.

Ereignisse können uns nicht schaden, wohl aber unsere Auffassung über sie

Sachverhalte an sich schaden uns weder, noch stehen sie uns im Weg. Ebenso wenig wie andere Menschen. Wie wir diese Dinge auffassen, ist allerdings etwas völlig anderes. Es sind unsere Einstellungen und Reaktionen, die uns Schwierigkeiten bereiten.

Demzufolge ist sogar der Tod an sich keine große Angelegenheit. Es ist unsere Ansicht über den Tod, der Gedanke, dass er entsetzlich ist, was uns ängstigt. Es gibt vielerlei Weisen, den Tod zu betrachten. Überprüfe deine Ansichten über den Tod genau – ebenso wie alles andere. Entsprechen sie der Wirklichkeit? Sind sie gut für dich? Ängstige dich nicht vor Schmerz oder Tod; es ist die Furcht vor Schmerz oder Tod, die dich ängstigen sollte. Wir können unsere äußeren Umstände nicht wählen, wir können aber immer wählen, wie wir auf sie reagieren.

Keine Schuld, keine Beschuldigungen

❖

Wenn uns unsere Gefühle über Sachverhalte mehr peinigen als die Sachverhalte selbst, dann folgt daraus, dass es unsinnig ist, andere zu beschuldigen. Wenn wir also Rückschläge und Aufregungen erleiden oder Trauer erfahren, sollten wir nie die Schuld bei anderen suchen, sondern unsere eigenen Einstellungen verantwortlich machen.

Kleingeister verurteilen ständig andere für ihr eigenes Unglück. Durchschnittsmenschen machen sich selbst Vorwürfe. Diejenigen allerdings, die sich dem Leben in Weisheit verschrieben haben, verstehen, dass der Impuls, andere zu beschuldigen, reine Torheit ist, dass durch Beschuldigen nichts gewonnen wird, ob man nun andere verantwortlich macht oder sich selbst.

Eines der Zeichen eines dämmernden moralischen Fortschritts ist die allmähliche Auslöschung von Beschuldigungen. Wir erkennen die Nutzlosigkeit des Fingerzeigens. Je mehr wir unsere eigenen Einstellungen überprüfen und an uns selbst arbeiten, desto besser sind wir dagegen gerüstet, von stürmischen emotionalen Reaktionen hinweggeschwemmt zu werden, mit deren Hilfe wir einfache Erklärungsmuster für unerwünschte Ereignisse suchen.

Die Dinge sind, wie sie sind. Andere Menschen denken, was sie denken; es ist nicht von Belang für uns. Keine Schuld. Keine Beschuldigungen.

Schaffe dir deine eigene Wertschätzung

❖

Verlasse dich niemals auf die Bewunderung anderer. Denn diese ist kraftlos. Persönliche Wertschätzung kann nicht aus externen Quellen bezogen werden. Weder kann sie in deinen persönlichen Beziehungen gefunden werden noch in dem Ansehen, das du von anderen erfährst. Es ist eine feststehende Tatsache, dass andere Menschen, selbst die, die dich lieben, nicht unbedingt mit deinen Meinungen übereinstimmen, dich verstehen oder deine Begeisterung für bestimmte Dinge teilen. Werde erwachsen! Was kümmert es dich, was andere über dich denken?

Bilde dir deine *eigene*, ganz persönliche Wertschätzung.

Persönlicher Verdienst kann nicht dadurch erreicht werden, dass wir uns mit exzellenten Menschen umgeben. Du hast deine eigenen Aufgaben zu erfüllen. Beginne jetzt sofort damit, gib dein Bestes und kümmere dich nicht darum, wer dich dabei beobachten könnte.

Vollbringe deine eigene sinnvolle Arbeit ohne Rücksicht auf Ehre oder Bewunderung, die du möglicherweise von anderen erfahren magst. Es gibt kein stellvertretendes Verdienst im Dienste anderer.

Die Triumphe und hervorragenden Leistungen anderer gehören anderen. Genauso mögen deine Besitztümer exzellente Eigenschaften haben, du kannst aber nur durch ihren bloßen Besitz nicht auf deine eigene Vortrefflichkeit schließen.

Denke darüber nach: Was ist denn tatsächlich Dein? Dir gehört in Wirklichkeit nur der Gebrauch, den du von Ideen, Mitteln und Gelegenheiten machst, die sich dir anbieten. Besitzt du Bücher? Lies sie! Lerne von ihnen. Wende ihre Weisheit an. Hast du spezielles Wissen? Gebrauche es vollständig und zu gutem Nutzen. Gehören dir Werkzeuge? Hole sie aus der Kiste und baue oder repariere Dinge damit. Hast du einen glorreichen Einfall? Folge ihm und bringe ihn zu Ende. Mache das meiste aus dem, was du hast, aus dem, was wirklich dir gehört.

Du kannst zu Recht glücklich und zufrieden mit dir sein, wenn du durch die Erkenntnis, was tatsächlich in deinem Besitz steht, deine Handlungen mit der Natur in Einklang gebracht hast.

Konzentriere dich auf deine Hauptpflichten

❖

Ablenkung und Unterhaltung haben durchaus ihre Berechtigung, du solltest ihnen aber niemals erlauben, dich von deinen wichtigsten Vorhaben abzubringen. Bist du auf einer Reise und ankerst im Hafen, dann kannst du gerne an Land gehen, um Wasser zu holen, vielleicht findest du zur selben Zeit auch noch einige Meeresfrüchte oder eine nützliche Pflanze. Sei aber wachsam: Höre auf den Ruf des Kapitäns. Halte deine Aufmerksamkeit auf das Schiff gerichtet. Von Nichtigkeiten abgelenkt zu werden, ist die einfachste Sache der Welt. Wenn der Kapitän ruft, musst du bereit sein, von jeglicher Ablenkung sofort abzulassen und ohne über deine Schulter zu blicken, zum Schiff zurückzueilen.

Solltest du alt sein, gehe nicht zu weit weg vom Schiff, oder du versäumst wiederzuerscheinen, wenn nach dir gerufen wird.

Akzeptiere Ereignisse, wie sie sich zutragen

❖

Weder verlange noch erwarte, dass Ereignisse deinen Wünschen entsprechend geschehen. Nimm Vorkommnisse so an, wie sie tatsächlich eintreten. Auf diese Weise ist innerer Friede möglich.

Dein Wille steht immer in deiner Macht

Nichts und niemand gebietet dir wirklich Einhalt. Nichts hält dich tatsächlich zurück. Denn dein eigener Wille steht immer unter deiner Herrschaft.

Krankheit mag deinen Körper herausfordern. Aber bist du nur dein Körper? Ein Hinken mag deine Beine behindern. Aber du bestehst nicht nur aus Extremitäten. Dein Wille ist mächtiger als deine Beine.

Dein Wille muss nicht notwendigerweise von einem Ereignis beeinflusst werden, es sei denn, du lässt es zu. Bedenke dies bei allem, was dir zustößt.

Mache vollen Gebrauch von allem, was sich dir ereignet

❖

Jede Schwierigkeit im Leben präsentiert uns gleichzeitig eine Gelegenheit, uns nach innen zu wenden und unsere eigenen verschütteten inneren Ressourcen zu Hilfe zu rufen. Die Herausforderungen, die wir bestehen, können und sollen uns unsere persönlichen Stärken eröffnen.

Besonnene Menschen blicken über das Ereignis selbst hinaus und streben danach, die Gewohnheit zu entwickeln, guten Nutzen aus jedem Vorfall zu ziehen. Sollte dich ein Unglücksfall treffen, reagiere nicht kopflos. Vergiss nicht, dich deinem Inneren zuzuwenden und dich zu fragen, welche Mittel du hast, um mit der Situation umzugehen. Grabe tief. Du besitzt Stärken, von denen du möglicherweise nichts weißt. Finde die richtige. Gebrauche sie.

Solltest du auf einen attraktiven Menschen treffen, dann ist Selbstbeschränkung die passende Zuflucht; im Falle von Schmerz oder Kränklichkeit ist Zähigkeit gefragt; sollte dich jemand beschimpfen, ist Nachsicht das richtige Mittel.

Wenn du dir mit der Zeit angewöhnt hast, jedem Ereignis mit der entsprechenden inneren Antwort zu begegnen, dann läufst du nicht Gefahr, von den Vorkommnissen des Lebens hinweggeschwemmt zu werden. Du wirst dann nicht mehr das Gefühl haben, die meiste Zeit überfordert zu sein.

Sorge gut für das, was dir vom Schicksal zugeteilt wird

Nichts kann uns wirklich genommen werden. Genauso wenig können wir etwas tatsächlich verlieren. Innerer Friede beginnt, wenn wir aufhören, von einer Sache zu sagen: »Ich habe sie verloren«, und stattdessen bekunden: »Sie wurde dorthin zurückgebracht, woher sie kam.« Sind deine Kinder gestorben? Sie wurden zurückgebracht, woher sie kamen. Ist dein Kamerad verschieden? Er wurde dorthin zurückgebracht, wo er herkam. Hast du deine Besitztümer und dein Eigentum verloren? Auch sie wurden zurückgebracht, woher sie stammten.

Vielleicht ärgerst du dich, weil dir ein schlechter Mensch deine Habe weggenommen hat? Aber warum sollte es für dich von Belang sein, wer deine Sachen der Welt zurückgibt, die sie dir gegeben hat? Wichtig ist, dass du dich äußerst gewissenhaft um das sorgst, was du hast, solange die Welt es dich haben lässt, so wie ein Reisender das Zimmer in seiner Herberge pfleglich behandelt.

Ein gutes Leben ist ein Dasein in heiterer Gemütsruhe

Das sicherste Zeichen eines höheren Daseins ist Gelassenheit. Charakterlicher Fortschritt resultiert in der Befreiung von innerem Aufruhr. Du kannst aufhören, dich über dies und jenes zu ärgern. Bist du auf der Suche nach dem erhabenen Leben, dann solltest du dich von den folgenden Denkweisen fernhalten: »Wenn ich nicht noch mehr arbeite, werde ich niemals genug verdienen, niemand wird mir Achtung zollen und ich bleibe ein Niemand« oder »Wenn ich meinen Arbeitnehmer nicht kritisiere, dann wird er meinen guten Willen ausnutzen«. Es ist wesentlich besser, unbekümmert von Gram und Furcht zu verhungern, als ein Leben in Reichtum zu führen, das von Sorgen, Angst, Argwohn und ungezügelten Begierden beschwert ist.

Beginne noch heute ein Programm der Selbstbeherrschung. Aber fange bescheiden an, mit den kleinen Dingen, die dich stören. Hat dein Kind etwas verschüttet? Hast du deinen Geldbeutel verlegt? Dann sage zu dir selbst: »Mit dieser Unannehmlichkeit angemessen umzugehen, ist der Preis, den ich für meine innere Gelassenheit bezahle, für ein Leben frei von Beunruhigung; von nichts kommt nichts.«

Wenn du dein Kind rufst, mache dich darauf gefasst, dass es nicht antwortet, oder wenn es doch reagiert, möglicherweise nicht in der Weise, wie du es gerne hättest. Unter diesen Umständen hilft es deinem Kind nicht, wenn du dich aufregst. Es sollte nicht in der Macht deines Kindes stehen, dir seelische Erregungen irgendwelcher Art zu verursachen.

Beachte nicht, was dich nicht betrifft

❖

Seelisches Wachstum verlangt von uns, unsere Kräfte auf das zu konzentrieren, was essenziell ist, und alles andere als banale Bestrebungen zu betrachten, die unserer Beachtung nicht würdig sind. Darüber hinaus ist es durchaus etwas Positives, als dumm oder schlicht angesehen zu werden, wenn es um Dinge geht, die uns nicht betreffen. Kümmere dich nicht darum, welchen Eindruck du auf andere machst. Sie sind geblendet und getäuscht von äußerem Schein. Bleibe deiner Aufgabe treu. Allein das wird deine Willenskraft stärken und deinem Leben Kohärenz verleihen.

Widerstehe dem Versuch, die Zustimmung und Bewunderung anderer zu erlangen. Dein Weg ist auf ein höheres Ziel gerichtet. Strebe nicht danach, dass andere dich als kultiviert, einzigartig oder besonders klug ansehen. Tatsächlich solltest du misstrauisch sein, wenn du anderen als jemand Besonderes erscheinst. Sei wachsam einem falschen Bewusstsein deiner eigenen Wichtigkeit gegenüber. Deinen Willen im Einklang mit der Wahrheit zu halten und dich gleichzeitig um das zu bekümmern, was außerhalb deiner Kontrolle liegt, sind Gegensätze, die sich gegenseitig ausschließen. Während du dich dem einen hingibst, vernachlässigst du das andere.

Bringe deine Wünsche in Übereinstimmung mit der Realität

Ob wir es wollen oder nicht, Leben und Natur werden von Gesetzen bestimmt, die wir nicht ändern können. Je eher wir diese Tatsache akzeptieren, desto gelassener können wir sein. Es wäre töricht, dir zu wünschen, dass deine Kinder oder dein Partner ewig leben. Sie sind sterblich, genau wie du, und das Gesetz der Sterblichkeit liegt vollkommen außerhalb unseres Einflussbereichs.

Genauso unklug ist es, sich zu wünschen, ein Angestellter, ein Verwandter oder ein Freund wäre ohne Fehler. Dies wäre der Wunsch zu beeinflussen, auf was wir tatsächlich keinerlei Einfluss haben. Es steht uns aber frei, von unserem Verlangen nicht enttäuscht zu werden, indem wir lernen, es mit der Wirklichkeit in Einklang zu bringen, anstatt von ihm überrannt zu werden. Schlussendlich werden wir kontrolliert von dem, das uns gibt, was wir suchen, und das fortnimmt, was wir nicht wünschen. Wenn dein Ziel Freiheit ist, dann verlange nichts und gleichzeitig vermeide nichts, was von anderen abhängt. Sonst wirst du immer ein hilfloser Sklave bleiben.

Verstehe die wahre Bedeutung des Begriffs »Freiheit« und wie du sie erreichen kannst. Freiheit heißt nicht, das Recht oder das Vermögen zu haben, zu tun und zu lassen, was dir gerade einfällt. Freiheit beruht vielmehr auf einem Verständnis für die Reichweite deines eigenen Machtbereiches und für die natürlichen Grenzen, die von der göttlichen Vorsehung eingerichtet wurden. Wenn wir die Beschränkungen des Lebens und deren Unausweichlichkeiten akzeptieren und mit ihnen kooperieren, anstatt sie zu bekämpfen, dann werden wir frei. Wenn wir aber stattdessen den Begierden für vergängliche Dinge nachgeben, über die wir keine Kontrolle haben, dann ist die Freiheit verloren.

Lebe dein Leben als ein Festmahl

❖

Stelle dir dein Leben als ein Festessen vor, an dem du mit kultiviertem Benehmen teilnimmst. Wenn dir Speisen gereicht werden, nimm sie entgegen und gönne dir eine mäßige Portion. Solltest du bei einem anderen Gericht übergangen werden, dann lasse dir schmecken, was du bereits auf deinem Teller hast. Wenn dir das Essen noch nicht serviert wurde, warte geduldig, bis du an der Reihe bist.

Die gleiche Grundhaltung einer vornehmen Selbstbeherrschung und Dankbarkeit dem Erhaltenen gegenüber solltest du auch deinen Kindern, deinem Partner oder deiner Partnerin, deiner Karriere und deinen Finanzen gegenüber an den Tag legen. Es hilft kein heftiges Begehren, kein Neid oder rücksichtsloses Grapschen. Du erhältst deine dir angemessene Portion, wenn deine Zeit gekommen ist.

Diogenes und Heraklit waren tadellose Vorbilder eines Lebens nach solchen Prinzipien, im Gegensatz zu einem Dasein, das nur rohen Impulsen folgt. Mache es dir zur Aufgabe, ihrem lobenswerten Beispiel zu folgen.

Vermeide es, die negativen Ansichten anderer zu übernehmen

Die Meinungen und Probleme anderer wirken ansteckend. Schade dir nicht selbst, indem du unbewusst die negativen und unproduktiven Einstellungen anderer übernimmst, nur weil du dich in ihrer Gesellschaft befindest.

Wenn du auf einen niedergeschlagenen Freund triffst, auf einen trauernden Elternteil oder einen Kollegen, dessen Schicksalsblatt sich plötzlich zum Schlechten gewendet hat, hüte dich davor, selbst von dem offenkundigen Unglück überwältigt zu werden. Denke daran, zwischen den Vorgängen selbst und deiner Interpretation davon zu unterscheiden. Mache dir immer wieder klar: »Was diese Person schmerzt, ist nicht das Erlebte selbst, denn jemand anderes wäre in der gleichen Situation nicht im geringsten Maße niedergeschlagen. Was diesen Menschen wirklich bedrückt, ist seine Einstellung dem Ereignis gegenüber, die er oder sie von anderen übernommen hat, ohne sie kritisch zu hinterfragen.«

Wohlwollen und Freundschaft uns Nahestehenden gegenüber wird nicht dadurch gezeigt, dass wir daran beteiligt sind, uns mit anderen in undurchdachten oder negativen Gefühlen zu suhlen. Wir dienen uns selbst und anderen besser, wenn wir uns von solcherlei Emotionen fernhalten und melodramatische Reaktionen vermeiden.

Trotzdem gilt: Solltest du dich im Gespräch mit einer Person befinden, die traurig, verletzt oder frustriert ist, zeige dich mitfühlend und höre ihr freundlich zu; erlaube dir aber nicht, selbst mit nach unten gezogen zu werden.

Spiele die Rolle gut, die dir zugeteilt ist

Wir ähneln Schauspielern in einem Theaterstück. Der göttliche Wille hat uns bestimmte Rollen im Leben zugewiesen, ohne uns vorher zu konsultieren. Manche treten in einem kurzen Schauspiel auf, andere in einem langen. Möglicherweise wird uns die Rolle eines armen Bettlers zugewiesen, die eines Invaliden, einer herausragenden Berühmtheit oder die einer Führungspersönlichkeit im öffentlichen Leben, vielleicht auch die eines normal sterblichen Bürgers. Obwohl wir es nicht in der Hand haben, welche Rollen uns zugedacht sind, sollten wir es zu unserer Aufgabe machen, den uns übertragenen Part nach bestem Vermögen zu spielen, und davon absehen, uns darüber zu beklagen. Ganz gleich, in welchen Umständen du dich wiederfinden solltest, liefere eine tadellose Vorstellung ab.

Wenn du dazu ausersehen bist, ein Leser zu sein, lies; wenn du ein Schriftsteller sein sollst, dann schreibe.

Alles geschieht aus gutem Grund

❖

Deine Gedanken bestimmen dein Selbst. Vermeide es, abergläubisch Ereignisse mit Geltung oder Bedeutung auszukleiden, die sie nicht besitzen. Bewahre einen kühlen Kopf. Unsere emsigen Gehirne sind ständig damit beschäftigt, voreilige Schlüsse zu ziehen und mysteriöse Zeichen heraufzubeschwören und diese zu interpretieren, obwohl sie nicht existent sind.

Stattdessen nimm an, dass alles, was dir zustößt, aus gutem Grund geschieht. Sei überzeugt davon, dass das Glück dich finden wird, wenn du dich für das Glück entschieden hast. Alle Begebenheiten halten einen Nutzen für dich bereit – du musst dich nur auf die Suche danach machen!

Das Glück kann nur im eigenen Inneren gefunden werden

Freiheit ist das einzige erstrebenswerte Ziel des Lebens. Sie wird durch die Missachtung der Dinge erreicht, die außerhalb unseres Kontrollbereiches liegen. Wir können nicht leichten Herzens sein, wenn unsere Seele einer bemitleidenswerten Brutstätte aus Furcht und Ehrgeiz gleicht.

Möchtest du unbesiegbar sein? Dann lasse dich nicht auf einen Kampf mit Dingen ein, die nicht wirklich deinem Kommando unterstehen. Dein inneres Glück hängt von drei Faktoren ab. Alle drei liegen innerhalb deines Machtbereiches: dein Wille, deine Ansichten über die Vorkommnisse, an denen du beteiligt bist, und der Gebrauch, den du von diesen Ansichten machst.

Authentisches Glück ist immer unabhängig von externen Bedingungen. Praktiziere mit Wachsamkeit deine Gleichgültigkeit gegenüber äußeren Umständen. Dein persönliches Glück ist ausschließlich in deinem Inneren zu finden.

Wie leicht sind wir geblendet und getäuscht von Beredsamkeit, Berufsbezeichnungen, Titeln, ausgefallenen Besitztümern, teurer Kleidung oder einem verbindlichen Auftreten? Gib dich keinesfalls dem Irrglauben hin, dass Berühmtheiten, wichtige Persönlichkeiten, politische Führer, Wohlhabende oder Menschen mit außergewöhnlichem intellektuellen oder künstlerischen Talent unbedingt glücklich sind. In diesem Falle wärst du nämlich nur verleitet von der äußeren Erscheinung und würdest schlussendlich nur damit anfangen, an dir selbst zu zweifeln.

Erinnere dich daran: Das innere Wesen des Guten ist nur in Dingen zu finden, die unserer Kontrolle unterliegen. Wenn du dies im Gedächtnis behältst, dann wirst du dich nicht in der bedauernswerten Situation wiederfinden, dass du neidisch und hoffnungslos dich selbst und deine Leistungen mit anderen vergleichst.

Höre auf, danach zu streben, jemand anderer zu sein als dein bestes Selbst: Denn dies fällt in deinen Machtbereich.

Niemand kann dir schaden

Kein Mensch hat die Macht, dir zu schaden. Auch im Falle, dass dich jemand lauthals beschimpft, dich gar schlägt oder beleidigt, kannst du entscheiden, ob du das, was dir geschieht, als Affront auffasst oder nicht. Wenn dich jemand verärgert, dann ist es in Wahrheit nur deine Reaktion auf die Provokation, die dich verärgert. Wenn dich also jemand herauszufordern scheint, bedenke, dass es ausschließlich deine eigene Einschätzung des Vorfalls ist, die dich verärgert. Lasse es nicht zu, dass deine Emotionen von rein äußerlichen Erscheinungen zum Kochen gebracht werden.

Versuche, nicht im Affekt zu handeln. Ziehe dich ein wenig aus der Situation heraus. Betrachte das Vorkommnis im größeren Zusammenhang; fasse dich.

Innerer Fortschritt findet statt, wenn du Tod und Unheil mutig entgegentrittst

❖

Anstatt deine Augen von den schmerzlichen Vorkommnissen des Lebens abzuwenden, schaue ihnen direkt ins Angesicht und denke oft über sie nach. Durch die Auseinandersetzung mit der Realität von Tod, Gebrechlichkeit, Verlust und Enttäuschung befreist du dich von Illusionen und falschen Hoffnungen und kannst traurige oder missgünstige Gedanken vermeiden.

Verinnerliche deine höchsten Ideale

❖

Halte dich an das, was geistig höherstehend ist, ohne Rücksicht darauf, was andere denken oder tun. Bleibe deinem wahren Bestreben treu, unabhängig von dem, was um dich herum vorgeht.

Das Streben nach Weisheit ruft die Kritiker auf den Plan

Wer ein höheres Leben in Weisheit anstrebt, wer nach einem Leben sucht, das von geistigen Prinzipien bestimmt wird, muss damit rechnen, ausgelacht und abgeurteilt zu werden.

Viele, die nach und nach ihre persönlichen Maßstäbe heruntergesetzt haben, in dem Versuch, höhere soziale Akzeptanz und die Annehmlichkeiten des Lebens zu erreichen, lehnen mit aller Schärfe diejenigen ihrer Zeitgenossen ab, die aus philosophischer Neigung heraus eine kompromisslose Haltung hinsichtlich ihrer geistigen Ideale einnehmen und höhere Ziele anstreben. Verbringe niemals dein Dasein unter der Einflussnahme dieser verarmten Seelen. Begegne ihnen mit Mitgefühl, gleichzeitig aber folge beständig dem, was du als Wahrheit für dich erkannt hast.

Wenn du dich auf den Weg des innerlichen Wachstums begibst, dann ist es gut möglich, dass die Menschen, die dir am nächsten stehen, dich verspotten oder dich der Arroganz bezichtigen.

Es ist deine Aufgabe, dich in Bescheidenheit zu üben und deine moralischen Ideale auch gegen äußere Widerstände eisern zu verteidigen. Halte dich an das, von dem du aus deines Herzens Grunde weißt, dass es das Beste ist. Wenn du standfest bleibst, werden die gleichen Leute, die sich zuerst über dich lustig gemacht haben, lernen, dich letztendlich hoch zu schätzen.

Solltest du es jedoch zulassen, dass die unguten Ansichten anderer dich in deinem Vorhaben wanken lassen, dann ziehst du dir doppelte Schmach zu.

Der Versuch, anderen zu gefallen, ist eine tückische Falle

Im Versuch, anderen zu gefallen, finden wir uns in eine Richtung fehlgeleitet von etwas, das außerhalb unseres Einflussbereiches liegt. Dadurch verlieren wir unser eigentliches Lebensziel aus den Augen.

Gib dich damit zufrieden, ein Liebhaber der Weisheit zu sein, ein Sucher nach Wahrheit. Kehre immer wieder zu dem zurück, was essenziell und wertvoll ist.

Versuche nicht, vor anderen klug zu erscheinen.

Willst du ein weises Dasein führen, lebe es nach deinen Maßstäben und unter deinem eigenen wachsamen Auge.

Charakter zählt mehr als ein guter Ruf

❖

Gram und Angst sind reine Zeitverschwendung und geben anderen kein gutes Vorbild. Das gilt vor allem in Hinsicht auf dein Ansehen und deinen Einfluss. Warum solltest du dich darum sorgen, ob du öffentliche Anerkennung in deinem Beruf oder von deiner Umgebung erfährst? Oder ob du die Möglichkeiten und die Verdienstmöglichkeiten erhältst, die andere bekommen?

Schere dich nicht um Nebensächlichkeiten wie »die Leute halten nichts von mir« oder »ich bin ein Nichts und ein Niemand«. Auch wenn dein Ruf wirklich von Bedeutung wäre, bist du nicht verantwortlich dafür, was andere über dich denken. Welchen Unterschied macht es tatsächlich für deinen Charakter und dein Wohlbefinden, ob du eine machtvolle Position innehast oder zu schicken Partys eingeladen wirst? Überhaupt keinen!

Wie kann es dann deinem Ansehen abträglich sein, wenn du keine machtvolle Schlüsselfigur oder keine Berühmtheit bist? Und warum sollten wir uns darum Sorgen machen, dass wir vielleicht ein Niemand sind, wenn es stattdessen vielmehr darauf ankommt, auf denjenigen Gebieten des Lebens ein Jemand zu sein, über die wir Kontrolle haben und wo wir in der Tat positive Veränderungen herbeiführen können?

Du magst jetzt sagen: »Aber ohne Macht und Reputation bin ich nicht in der Lage, meinen Freunden zu helfen.« Es stimmt, dass du ihnen keinen Zugang zu Kapital oder zu den Tempeln der Macht verschaffen kannst. Aber wer erwartet tatsächlich von dir, dass es deine Aufgabe ist, solcherart Unterstützung zu geben, und nicht die Rolle eines anderen ist, dafür Sorge zu tragen? Von niemandem wird erwartet, dass sie gibt, was sie nicht hat. »Trotzdem wäre es toll, Geld und Macht zu haben und mit meinen Freunden zu teilen.« Sollte es tatsächlich möglich sein, reich und einflussreich zu werden und sich gleichzeitig die Aufrichtigkeit und Pflichttreue gegenüber Familie, Freunden, Prinzipien und Selbstachtung zu bewahren, dann zeige mir, wie, und ich folge dir nach. Sollte ich aber im Verlauf dessen dazu gezwungen sein, meine persönliche Integrität aufgeben zu müssen, dann wäre es sinnlos und töricht, mich dazu zu drängen. Im Übrigen, wenn du die Wahl hättest, viel Geld oder einen treuen und ehrlichen Freund zu haben, was würdest du wählen? Es ist besser, wenn du mir hilfst, ein besserer Mensch zu werden, als mich dazu zu bewegen, Dinge zu tun, die meinen guten Charakter gefährden.

»Schön und gut, was aber ist mit den Verpflichtungen meinem Vaterland gegenüber?« Was meinst du damit? Wenn du davon redest, großartige wohltätige Spenden zu verteilen oder schicke Gebäude bauen zu lassen, ist das denn wirklich der Kernpunkt des Problems? Ein Metallarbeiter macht keine Schuhe und ein Schuster macht keine Waffen. Es reicht aus, wenn ein jeglicher das macht, für das er ausersehen ist. »Aber was ist, wenn jemand das Gleiche macht wie ich?« Das ist auch in Ordnung. Es macht deinen Beitrag in keiner Weise weniger wertvoll. Du fragst: »Was ist mit meiner Stellung innerhalb der Gesellschaft?« Jede Position, die du ausfüllen kannst und die es dir gleichzeitig ermöglicht, deine Ehrlichkeit und deine Pflichten deinen Obliegenheiten gegenüber aufrechtzuerhalten, ist geeignet. Was aber, wenn dein Wunsch dem Allgemeinwohl zu dienen, deine moralische Verantwortung gefährdet, wie kannst du deinen Mitmenschen dienen, wenn dein Handeln unverantwortlich und schamlos geworden ist?

Es ist besser, ein wertvoller Mensch zu sein, der seine Verpflichtungen erfüllt, als hohes Ansehen und Macht zu besitzen.

Alle Annehmlichkeiten haben ihren Preis

Kennst du jemanden, der die Vergünstigungen, die Möglichkeiten und die öffentliche Hochachtung besitzt, die du begehrst? Wenn die Privilegien, die sich diese Person gesichert hat, von Wert sind, dann freue dich darüber, dass sie diese genießen kann. Es ist offensichtlich die Blütezeit dieses Menschen. Sollten sich diese Privilegien bei genauer Betrachtung aber als schädlich erweisen, dann kannst du stattdessen sogar erleichtert sein, dass du sie nicht besitzt.

Bedenke: Du kannst nicht erwarten, denselben Lohn wie andere zu erhalten, wenn du nicht die gleichen Methoden anwendest wie sie oder den gleichen Zeitaufwand betreibst. Es widerspricht der Vernunft anzunehmen, dass wir Belohnungen erhalten könnten, ohne bereit zu sein, die wahren Kosten dafür aufzubringen. Sollte jemand etwas »erlangen«, dann ist er dir gegenüber nicht wirklich im Vorteil, denn er oder sie musste den entsprechenden Preis dafür bezahlen.

Wir haben immer die Wahl, ob wir bereit sind, den Preis für die Belohnungen des Lebens zu bezahlen oder nicht. Oft ist es ratsam, diesen Preis nicht zu bezahlen, denn dieser Preis könnte unsere Integrität sein.

Wir könnten uns eventuell sogar dazu gezwungen sehen, Lobeshymnen auf jemanden anzustimmen, den wir gar nicht respektieren.

Mache dir den Willen der Natur zu eigen

Studiere den Willen der Natur. Erforsche ihn, höre auf ihn, dann mache ihn dir zu eigen.

Der Wille der Natur eröffnet sich uns durch alltägliche Erfahrungen, die jeder von uns macht. Im Falle, dass dein Nachbarskind eine deiner Schüsseln oder einen ähnlichen Gegenstand zerbricht, solltest du umgehend sagen: »Solche Dinge passieren.« Wenn deine eigene Schüssel zerbricht, solltest du in gleicher Weise reagieren, als wenn es die eines anderen ist, die in Scherben geht.

Diese Einstellung solltest du auch auf Umstände anwenden, die von größerer emotionaler Tragweite und materieller Wichtigkeit sind. Ist das Kind, der Partner, der Verwandte oder Freund eines anderen gestorben? Unter diesen Umständen gibt es niemanden, der nicht sagen würde: »Das ist der Lauf des Lebens, der Tod ist Teil davon. Gewisse Dinge sind unvermeidlich.«

Wenn aber unser eigenes Kind stirbt oder jemand, der uns nahesteht, dann rufen wir: »Wehe mir! Wie beklagenswert ich bin!«

Betrachte deine Emotionen, wenn du erfährst, dass Ähnliches jemand anderem zustößt. Übertrage dieses Gefühl anschließend auf deine eigene jetzige Lebenslage. Lerne Vorkommnisse, sogar den Tod, mit Klugheit zu akzeptieren.

Selbstbeherrschung ist unser wahres Ziel

Das Böse haust nicht von Natur aus in der Welt, in Ereignissen oder Individuen. Vielmehr ist das Böse das Nebenprodukt von Nachlässigkeit, Trägheit oder Zerstreuung: Es taucht auf, wenn wir unser eigentliches Ziel aus den Augen verlieren.

Wenn wir uns aber daran erinnern, dass geistiges Fortkommen unsere eigentliche Absicht ist, dann besinnen wir uns wieder auf unser Streben zurück, unser eigenes bestes Selbst zu werden.

Auf diese Weise finden wir das Glück.

Schätze deinen Verstand, pflege deine Vernunft, bleibe deinem Vorsatz treu

❖

Liefere deine Seele nicht aus.

Würde es jemand wagen, deinen Körper im Vorübergehen an jemand X-Beliebigen zu verscherbeln, dann wärst du verständlicherweise ungehalten. Warum findest du es dann aber völlig legitim, deinen kostbaren Verstand an jeden abzutreten, der dich zu beeinflussen sucht?

Denke gut darüber nach, bevor du deine Seele jemandem übergibst, der dich möglicherweise hinter deinem Rücken verunglimpft und dich am Ende verwirrt und unglücklich zurücklässt.

Denke über den ersten Schritt nach, überlege, was daraus folgt, dann handle

❖

Kultiviere die Gewohnheit, ein bevorstehendes Unterfangen von allen Seiten zu betrachten und genau zu prüfen, bevor du damit beginnst, es auszuführen. Ehe du anfängst, tritt gedanklich einen Schritt zurück und betrachte die Angelegenheit im größeren Zusammenhang, damit du nicht unbedacht und aus rohem Impuls heraus agierst. Lege fest, was als Erstes geschieht, überlege, was daraus folgt, anschließend handle in Übereinstimmung mit dem Gelernten.

Wenn wir ohne Umsicht agieren, beginnen wir eine Aufgabe möglicherweise mit großem Enthusiasmus; wenn dann aber unvorhergesehene oder unerwünschte Konsequenzen auf uns zukommen, ziehen wir uns verschämt zurück und sind voller Reue: »Ich hätte dies tun sollen. Ich hätte es so machen können. Ich hätte alles anders machen sollen.«

Stell dir vor, du möchtest bei den Olympischen Spielen gewinnen. Das ist grundsätzlich in Ordnung, aber überlege dir vorher ganz genau, worauf du dich einlässt. Was hat ein solches Begehren zur Folge? Was ist der erste Schritt auf dem Weg? Was kommt als Nächstes? Was wird von dir verlangt werden? Und welche anderen Konsequenzen hat das? Ist das ganze Unternehmen tatsächlich vorteilhaft und nutzbringend für dich? Wenn ja, dann mach weiter.

Willst du bei den Olympischen Spielen auf der Siegertreppe stehen, dann musst du dich perfekt vorbereiten. Diese Vorbereitung beinhaltet, dass du einen strikten Lebenswandel führst, der dich an die Grenzen deiner Leidensfähigkeit bringen wird. Du hast dich harten Regeln zu unterwerfen, musst die geeignete Diät einhalten, musst mit großer Energie und Regelmäßigkeit in Hitze und Kälte trainieren, und Alkohol ist auch tabu. Den Anweisungen deines Trainers hast du fraglos Folge zu leisten, als wäre er dein Leibarzt. Wenn du es endlich so weit gebracht hast, dass du an Wettbewerben teilnehmen kannst, dann besteht durchaus die Gefahr, dass dich jemand aus der Bahn rempelt und du im Graben landest. Vielleicht lädierst du deinen Arm, verstauchst dir den Knöchel oder dein Gesicht landet im Dreck; und nachdem du dich mit all dieser Mühsal herumgeplagt hast, verlierst du möglicherweise am Ende immer noch.

Nachdem du alle diese Möglichkeiten gründlich bedacht hast – im Gewahrsein aller Dinge, die passieren können, und deren Folgen –, und du trotzdem nicht in deinem Entschluss wankst, gebrauche deine Urteilskraft. Wenn das Gesamtbild jetzt immer noch positiv erscheint, dann tritt bei den Spielen an, und zwar mit ganzem Herzen.

Indem du den größeren Zusammenhang betrachtest, unterscheidest du dich von einem bloßen Dilettanten, der sich nur so lange mit Dingen beschäftigt, wie sie angenehm oder interessant erscheinen. Dies zeugt von keiner edlen Haltung! Denke die Dinge zu Ende, dann lege dich fest! Sonst erscheinst du wie ein Kind, dass einmal vorgibt, ein Ringer zu sein, ein andermal ein Soldat, dann wieder ein Musikant und zu guter Letzt ein Schauspieler in einer Tragödie.

Solange wir uns nicht vollständig unseren Vorhaben hingeben, bleiben wir dumpfe und oberflächliche Existenzen und versäumen es, unsere natürlichen Gaben zu entwickeln. Wir alle kennen Menschen, die ähnlich den Affen alles übernehmen, was neuartig und modisch erscheint. Aber es dauert nicht lange, bis ihr Enthusiasmus und ihre Anstrengungen nachlassen; sie lassen von ihren Projekten ab, sobald diese zu vertraut oder zu anspruchsvoll werden. Eine halbherzige Seele hat keine Kraft. Zaghafte Bestrebungen führen zu zaghaften Ergebnissen. Durchschnittsmenschen beginnen ihre Bemühungen Hals über Kopf und ohne Sorgfalt. Wenn sie Glück haben, treffen sie auf eine beispielhafte Erscheinung wie Euphrat und werden dazu inspiriert, über sich selbst hinauszuwachsen. Schön und gut, wenn es dazu kommt, bedenke aber die wahre Natur deiner Bestrebungen und wäge sie gegen dein tatsächliches Vermögen ab.

Sei ehrlich mit dir selbst. Schätze klar deine Stärken und Schwächen ab. Bist du derzeit in der Lage, den Wettkampf aufzunehmen? Ein Ringer beispielsweise benötigt außergewöhnliche Kraft in seinen Schultern, dem Rücken und den Oberschenkeln. Besitzt du die körperliche Meisterschaft und Agilität, um zu den Besten in dieser Sportart zu gehören? Es ist eine Sache, sich zu wünschen, ein strahlender Sieger oder jemand mit besonderem Können zu sein; die andere Sache ist, dies dann auch tatsächlich zu sein, noch dazu mit vollendeter Kunstfertigkeit. Unterschiedliche Menschen sind für unterschiedliche Dinge geeignet.

Genau wie bestimmte Fähigkeiten für den Erfolg in einem Bereich vonnöten sind, müssen auch gewisse Opfer gebracht werden. Wenn du tüchtig darin werden willst, ein Leben in Weisheit zu führen, glaubst du, dass du weiterhin im Übermaß essen und trinken kannst? Denkst du, dass du dich auch in Zukunft dem Zorn oder deinen bisherigen Geisteshaltungen wie Frustration oder einem Gefühl des Unglücklichseins hingeben kannst? Die Antwort ist ein ganz klares Nein.

Wenn wirkliche Weisheit der Gegenstand ist, der dir viel bedeutet und es dir ernst damit ist, dann hast du ein ordentliches Stück Arbeit an dir selbst vor dir. Von vielen ungesunden Gelüsten und Kurzschlussreaktionen hast du Abstand zu nehmen. Du musst von Neuem überdenken, mit wem du dich abgibst. Sind deine Freunde und Bekannten ehrenwerte Zeitgenossen? Hilft ihr Einfluss – ihre Verhaltensweisen, ihre Werte und ihr Benehmen – dabei, dein Leben zu verbessern, oder verstärkt er im Gegenteil die unguten Angewohnheiten, derer du dich entledigen willst? Ein Leben in Weisheit, wie auch alles andere, hat einen Preis. Wenn du es suchst, ist es durchaus möglich, dass du lächerlich gemacht wirst und sich dein öffentliches Dasein in allen Aspekten zum Schlechtesten wendet, sei es im Beruf, in deinem Ansehen oder auch bezüglich deiner gesetzlichen Stellung vor Gericht.

Wenn du alle Einzelheiten, die für das Bestreben nach einem höheren Dasein von Bedeutung sind, sorgfältig in Betracht gezogen hast, dann stürze dich mit all deiner Kraft und Energie in dein Vorhaben. Nimm die notwendigen Opfer in Kauf, die der Preis für die wertvollsten Ziele sind. Dazu gehören: Freiheit, Seelenruhe und Gelassenheit.

Solltest du aber nach ehrlicher Einschätzung deiner Charakterkraft zu dem Schluss kommen, dass du weder geeignet noch willens für diese Aufgabe bist, dann mache dich von Selbsttäuschung frei und schlage einen anderen, realistischeren Weg ein.

Wenn du versuchst, jemand zu sein, der du nicht bist, oder nach etwas strebst, das zum jetzigen Zeitpunkt völlig außerhalb deines Vermögens liegt, dann ist das Resultat, dass du einen kläglichen Stümper abgibst, der zuerst versucht, ein Weiser zu sein, dann ein Bürokrat, anschließend ein Politiker und am Ende vielleicht auch noch eine Leitfigur im bürgerlichen Leben. Diese Rollen sind nicht miteinander vereinbar. Du kannst nicht erwarten, dich in zahllosen Richtungen zu verlieren, seien diese auch noch so attraktiv, und gleichzeitig ein ganzheitliches und fruchtbares Leben zu führen.

Du kannst nur eine Person sein – entweder ein wertvoller oder ein mit Fehlern behafteter Mensch. Du hast im Wesentlichen zwei Alternativen. Du kannst dich entweder dazu aufmachen, deine Vernunft zu entfalten und der Wahrheit die Bahn zu ebnen, oder du kannst Äußerlichkeiten nachlaufen. Die Wahl ist an dir und nur du ganz allein kannst entscheiden. Du kannst deine Fähigkeiten dazu gebrauchen, an dir zu arbeiten, oder aber dich in Oberflächlichkeiten verlieren. Anders gesagt, du entscheidest, entweder ein weiser Mensch zu werden, oder du folgst dem ausgetretenen Pfad des Mittelmaßes.

Unsere Aufgaben werden uns durch unsere Beziehungen miteinander offenbart

❖

Du bist kein isoliertes Einzelwesen, sondern ein einzigartiger, unersetzbarer Teil des Universums. Das darfst du nie vergessen. Du bist ein essenzielles Einzelstück des Puzzlespiels, das wir Menschheit nennen. Wir alle sind Teil der unermesslichen, weitverzweigten und perfekt geordneten menschlichen Gemeinschaft. Wo aber ist dein Platz in diesem weitgesponnenen Netz der Menschheit? Wem bist du verpflichtet?

Suche und erlange ein Verständnis für deine persönlichen Verbindungen. Wir können den uns zugewiesenen Platz in diesem kosmischen Entwurf durch die Erkenntnis unserer natürlichen Beziehungen untereinander genau festmachen, gleichzeitig werden uns damit auch unsere Pflichten offenbar.

Unsere Aufgaben ergeben sich quasi ganz von allein aus solch fundamentalen Beziehungen wie Familie, Nachbarschaft und Arbeitsstätte, aber auch aus Staat oder Nation. Mache es dir zur regelmäßigen Gewohnheit, über deine verschiedenen Rollen nachzudenken – Mutter oder Vater, Kind, Nachbar, Bürger, Leitfigur – und die natürlichen Aufgaben, die sich daraus ergeben. Ist dir bewusst geworden, wer du bist und mit wem du verbunden bist, dann wirst du gewahr werden, was du zu tun hast.

Ist ein Mensch beispielsweise dein Vater, dann hat diese Tatsache bestimmte emotionale und praktische Konsequenzen. Dass dieser Mensch dein Vater ist, impliziert eine fundamentale und dauerhafte Bindung zwischen dir und ihm. Du hast von Natur aus die Verpflichtung, für ihn zu sorgen, seine Ratschläge anzuhören, dich in Geduld zu üben, wenn er dir seine Überzeugungen darlegt, und seine Anweisungen zu respektieren.

Aber angenommen, er ist kein guter Vater? Vielleicht ist er einfältig, ungebildet, ungehobelt oder seine Ansichten unterscheiden sich in hohem Maße von den deinen. Wird jedem von uns von der Natur ein idealer Vater gegeben oder einfach nur ein Vater? Wenn es um die grundlegenden Pflichten als Sohn oder Tochter geht, dann ist es zweitrangig, welchen Charakter dein Vater haben mag; auch seine Persönlichkeit oder seine Gewohnheiten sind in diesem Fall zweitrangig. Die göttliche Ordnung gestaltet die Menschen oder Lebensumstände nicht nach unserem persönlichen Geschmack. Ob du ihn als annehmbar empfindest oder nicht, dieser Mensch ist unausweichlich dein Vater und du musst deinen Verpflichtungen als Tochter oder Sohn nachkommen.

Angenommen, du hast einen Bruder oder eine Schwester, der oder die dich schlecht behandelt. Welchen Unterschied macht das? Du hast immer noch die moralische Pflicht, deine fundamentalen Aufgaben ihm oder ihr gegenüber anzuerkennen und sie wahrzunehmen. Konzentriere dich nicht darauf, was er oder sie tut. Richte deinen Fokus vielmehr auf die Erfüllung deines höheren Zieles. Deine Absicht sollte es sein, Harmonie zwischen dir und der Schöpfung selbst herzustellen. Denn das ist der wahre Weg zur Freiheit. Mögen andere sich nach ihrem Belieben verhalten – darüber hast du sowieso keine Kontrolle und somit ist es für dich nicht von Belang. Erkenne, dass das Weltall in seiner Ganzheit auf dem Prinzip der Vernunft beruht, dass aber nicht alles im Universum gleichzeitig vernünftig sein muss.

Wenn du getreulich daran arbeitest, dich als ein weiser und anständiger Mensch zu betätigen, und deine Absichten und Handlungen dem göttlichen Willen anzugleichen suchst, dann werden die Worte und Taten anderer dir nichts anhaben können. Im äußersten Fall sind ihre Worte und Taten für dich belustigend oder bedauernswert.

Abgesehen von extremem körperlichen Missbrauch können andere Menschen dir nicht schaden, ausgenommen du entscheidest dich dazu. Und das gilt sogar, wenn diese Person deine Mutter, dein Vater, Bruder, Schwester, Lehrer oder Arbeitgeber ist. Weigere dich, verletzt zu werden, und niemand wird dich verletzen – denn dies ist eine Wahl, über die du Kontrolle hast.

Die meisten Menschen geben sich der Illusion hin, dass Freiheit bedeutet, das zu tun, was angenehm ist oder was der Zufriedenheit oder Behaglichkeit zuträglich ist. In Wahrheit sind aber diejenigen, die die Vernunft ihrer momentanen Gefühlslage unterordnen, nur die Sklaven ihrer Begierden und Aversionen. Sie sind nicht darauf vorbereitet, effektiv und mit Umsicht zu handeln, wenn sie auf unerwartete Herausforderungen stoßen, die aber unweigerlich auftauchen.

Authentische Freiheit stellt Anforderungen an uns. In der Entdeckung und im Verständnis unserer grundlegenden Beziehungen zueinander und in der freudigen Ausführung unserer Aufgaben in der Welt ist wahre Freiheit, nach der wir alle streben, wirklich möglich.

Das innerste Wesen des Vertrauens in eine höhere Gewalt

Der Glaube an eine höhere Ordnung findet sich zuerst im Festhalten an wahrhaften Überzeugungen und Einstellungen in Bezug auf die höchste Macht. Vergiss nicht: Die göttliche Ordnung ist intelligent und in ihrer grundlegenden Wesensform gut. Das Leben ist keine Abfolge von zufälligen, bedeutungslosen Episoden, sondern ein geordnetes und elegantes Ganzes, das letztendlich verständlichen Gesetzmäßigkeiten folgt.

Göttlicher Wille existiert und lenkt den Kosmos mit Gerechtigkeit und Güte. Obwohl es bei oberflächlicher Betrachtung nicht immer offensichtlich ist – das Universum, dessen Teil wir sind, ist das bestmögliche Universum.

Stehe fest zu deinem Entschluss, Gerechtigkeit, Güte und höhere Ordnung zu erwarten, und alle werden dir zusehends in allen Lebenslagen zufallen. Vertraue auf eine höhere Macht, deren Intention das Weltall lenkt. Mache es dir zum höchsten Ziel, dein Leben in Übereinstimmung mit dem Willen der göttlichen Ordnung zu führen.

Bist du bestrebt, deine Absichten und Handlungen der göttlichen Ordnung anzupassen, dann fühlst du dich nicht geplagt, hilflos, verwirrt oder unglücklich den Umständen deines Lebens gegenüber. Im Gegenteil: Du empfindest dich selbst als stark, entschlossen und selbstsicher.

Das Vertrauen in eine höhere Macht ist nicht blinder Glaube; es beruht vielmehr auf der beharrlichen Einübung des Prinzips, sich von allen Dingen fernzuhalten, die nicht unserer Kontrolle unterstehen, und sie der Auflösung innerhalb des natürlichen Systems der Verantwortlichkeiten zu überlassen. Höre mit dem Versuch auf, Ereignisse voraussehen oder sie kontrollieren zu wollen. Stattdessen akzeptiere sie mit Würde und Intelligenz.

Es ist unmöglich, deinem dir bestimmten Vorsatz treu zu bleiben, wenn du der Vorstellung verfallen solltest, dass die Dinge, die sich außerhalb deines Machtbereiches befinden, von Natur aus gut oder böse sind. In diesem Falle ist es unvermeidbar, dass wir damit beginnen, äußere Faktoren für unser Schicksal verantwortlich zu machen und uns in einer Negativspirale aus Missgunst, erbittertem Kampf, Enttäuschung, Zorn und Vorhaltungen verlieren. Es liegt in der Natur aller Lebewesen, dass sie vor allem zurückweichen, was ihnen nach ihrer Meinung schaden könnte, und gleichzeitig alles begehren und bewundern, was vorteilhaft und hilfreich zu sein scheint.

Der zweite wichtige Aspekt des Vertrauens in die höhere Macht ist die umsichtige Beachtung der Konventionen deiner Familie, deines Heimatlandes und deines örtlichen Umfeldes. Verrichte die Bräuche in der Gemeinschaft, in der du lebst, mit einem ehrlichen Herzen, ohne Profitgier oder Zügellosigkeit. Dadurch wirst du Teil der spirituellen Ordnung deiner Mitmenschen und förderst die höchsten Bestrebungen der Menschheit.

Gottvertrauen ist das Gegenteil von Bitterkeit und Verwirrung. Es verleiht uns die Überzeugung, dass wir für alles gerüstet sind, was der göttliche Wille für uns vorgesehen hat. Dein Ziel sollte es sein, die Welt als ein eingebundenes Ganzes anzusehen, deine gesamte Existenz nach der höchsten Macht auszurichten und dir den Willen der Natur zu eigen zu machen.

Begebenheiten sind unpersönlich und indifferent

❖

Wenn du über deine Zukunft nachdenkst, dann bedenke, dass sich alle Ereignisse nach ihrer eigenen Natur entwickeln, völlig unabhängig davon, wie wir über sie denken. Es sind unsere Hoffnungen und Ängste, die über uns herrschen, nicht die Begebenheiten selbst.

Undisziplinierte Menschen, die sich von ihren persönlichen Antipathien und Sympathien leiten lassen, sind ständig auf der Suche nach Zeichen, die ihre unreflektierten Ansichten und Meinungen verstärken oder untermauern. Ereignisse selbst sind nicht personenbezogen, kluge Menschen können und sollten sie jedoch zu ihrem Vorteil nutzen.

Anstatt ein Ereignis zu personalisieren (»Dies ist mein Sieg«, »Das war sein Versehen« oder »Dies ist mein bitteres Unglück«) und daraus vernichtende Schlüsse in Bezug auf dich selbst oder die menschliche Natur insgesamt zu ziehen, solltest du lieber danach Ausschau halten, wie du dir bestimmte Aspekte dieser Begebenheit zunutze machen kannst. Vielleicht trägt das Ereignis einen versteckten Vorteil in sich, den aber nur ein geübtes Auge erkennen kann? Sei aufmerksam wie ein Spürhund. Möglicherweise kannst du aus der Situation eine Lehre ziehen, die du zu einem späteren Zeitpunkt auf ähnliche Ereignisse anwenden kannst.

Nichts hält uns davon ab, in allen Begebenheiten, wie schrecklich sie auch auf den ersten Blick erscheinen mögen, nach versteckten Möglichkeiten Ausschau zu halten. Es bedarf jedoch einer ordentlichen Portion Mut, die Möglichkeiten zu verfolgen, die sich aus Lebenssituationen ergeben, denn die meisten Menschen in deinem Umfeld werden darauf bestehen, diese Ereignisse mithilfe gröbster Begriffe einzuordnen: Erfolg oder Fehlschlag, gut oder schlecht, richtig oder falsch. Diese stark vereinfachenden und polarisierenden Kategorien verschleiern die kreativeren – und nützlicheren – Interpretationen der Ereignisse, die noch dazu wesentlich vorteilhafter und spannender sind!

Der kluge Mensch weiß, dass es zwecklos ist, Hoffnungen und Ängste in die Zukunft zu projizieren. Dies führt nur dazu, dass du dir melodramatische Vorstellungen machst und deine Zeit verschwendest.

Gleichzeitig sollte sich niemand passiv der Zukunft hingeben mit allem, was sie für uns bereithält. Einfach nichts zu unternehmen, vermeidet nicht das Risiko, sondern erhöht es.

Gewissenhafte Planung und Vorkehrungen für zukünftige Ereignisse haben ihre Berechtigung. Die richtige Vorbereitung auf die Zukunft besteht in der Ausbildung guter persönlicher Angewohnheiten. Das kann erreicht werden, indem du in allen Einzelheiten deines täglichen Lebens aktiv wertvollen Prinzipien folgst sowie regelmäßig deine Motive überprüfst, um sicherzustellen, dass sie nicht von Furcht, Habgier und Bequemlichkeit verdunkelt sind. Wenn du diesen Regeln folgst, dann wirst du nicht von äußeren Ereignissen gebeutelt werden.

Arbeite an deinen Vorsätzen, anstatt dich mit der Annahme, dass du äußere Begebenheiten beeinflussen kannst, selbst ins Bockshorn zu jagen. Falls Gebet und Meditation dir dabei helfen, wende beides selbstverständlich an. Suche göttlichen Rat, wenn die Anwendung deines eigenen Verstandes keine Antworten hergibt und du alle anderen Mittel ausgeschöpft hast.

Was ist ein »gutes« Ereignis? Was ist ein »schlechtes« Ereignis? Es gibt weder das Eine noch das Andere! Was ist ein guter Mensch? Der gute Mensch ist derjenige, der völlige innere Ruhe erreicht hat, indem er es sich zur ständigen Gewohnheit gemacht hat, bei jeder Gelegenheit zu fragen: »Was ist im jetzigen Moment die rechte Handlungsweise?«

Unterdrücke niemals eine großzügige Regung

Folge allen deinen großzügigen inneren Regungen. Hinterfrage sie nicht, ganz besonders dann nicht, wenn ein Freund oder eine Freundin deine Hilfe braucht; handle in seinem oder ihrem Interesse. Zögere nicht!

Sitze nicht herum und spekuliere über die möglichen Unannehmlichkeiten, Probleme oder Gefahren. Solange du dich von deiner Vernunft leiten lässt, bist du sicher.

Es ist unsere Pflicht, unseren Freunden in Stunden der Not beizustehen.

Definiere klar die Person, die du gerne sein möchtest

❖

Wer genau möchtest du sein? Welche Art Mensch möchtest du sein? Was sind deine persönlichen Ideale? Wen bewunderst du? Was sind die besonderen Charakterzüge dieser Person, die du dir gerne zu eigen machen würdest?

Die Zeit der Unbestimmtheit ist vorbei. Willst du ein außergewöhnlicher Mensch werden und strebst du Weisheit an, dann solltest du ganz klar festlegen, welche Art Person du beabsichtigst zu sein. Hast du ein Tagebuch, schreibe darin auf, wer du planst zu werden, sodass du dich auch später auf diese Selbstdefinition beziehen kannst. Beschreibe präzise, welches Auftreten du annehmen willst, sodass du dies bewahren kannst, egal, ob du mit dir allein bist oder im Kreis anderer Menschen.

Sprich ausschließlich in guter Absicht

Wie viel Aufmerksamkeit wird doch der moralischen Wichtigkeit unserer Taten und deren Tragweite geschenkt! Wer dem erhabenen Leben nachfolgt, wird zu der Einsicht kommen, dass aber auch unsere Worte eine – wenn auch oft übersehene – moralische Kraft haben.

Eines der klarsten Merkmale des charakterlich verantwortlichen Lebens ist eine korrekte Sprache. Unser Gesagtes zu perfektionieren, ist einer der Grundpfeiler eines authentischen seelisch-geistigen Lernprogrammes.

Zuallererst denke nach, *bevor* du sprichst, um sicherzustellen, dass du in guter Absicht redest. Leicht dahingesagtes Gerede ist eine Grobheit gegenüber anderen. Windige Selbstbekenntnisse sind dagegen eine Grobheit dir selbst gegenüber. Unzählige unserer Zeitgenossen fühlen sich dazu genötigt, jedem ihrer flüchtigen Gefühle, Gedanken oder Wahrnehmungen Ausdruck zu verleihen. Sie kippen ihren Gedankensalat über die Welt aus, ohne die Konsequenzen zu bedenken. Das ist sowohl praktisch als auch moralisch bedenklich. Wenn wir jede Idee herausplappern, die uns in den Sinn kommt – egal, ob groß oder klein –, dann besteht die Gefahr, dass wir in den banalen Strömungen geistlosen Geredes die Gedanken übersehen, die echten Wert besitzen. Ungezügeltes Geschwätz ähnelt einem außer Kontrolle geratenen Wagen, der auf dem Weg in den Graben ist.

Als Grundregel gilt: Sei meist schweigsam oder sage zumindest wenig. Sprache an sich ist weder gut noch böse, sie wird aber im Allgemeinen so unbedacht verwendet, dass du auf der Hut sein musst. Leichtfertiges Gerede ist schädlich; daneben ist es auch einfach ungehörig, ein Plappermaul zu sein.

Beteilige dich an Diskussionen, wenn soziale oder berufliche Anlässe es erforderlich machen, achte jedoch darauf, dass Geist, Absicht und Gehalt der Diskussion angemessen bleiben. Geplapper ist verführerisch. Gerate nicht in seine Fänge.

Du musst dich nicht auf hochtrabende Themen oder die Philosophie als solche beschränken. Bedenke aber, dass das übliche Geschwafel, dass sich gerne als wertvolle Diskussion ausgibt, einen korrodierenden Effekt auf deine höheren Absichten hat. Wenn wir unsere Zeit mit banalem Geschwätz verschwenden, dann färbt das auf uns ab, denn unsere Aufmerksamkeit wird von Banalitäten in Anspruch genommen. Die Themen, denen du deine Aufmerksamkeit schenkst, formen dein Selbst.

Wir werden zu Kleingeistern, wenn wir uns an Gesprächen über andere Menschen beteiligen. Versuche im Besonderen zu vermeiden, anderen Fehler zuzuschreiben, sie über den grünen Klee zu loben oder sie miteinander zu vergleichen.

Wenn du bemerkst, dass die Konversation, an der du dich beteiligst, in schlichtes Palaver abgleitet, dann versuche, sie unauffällig auf eine konstruktivere Ebene zu heben. Solltest du dich aber in einer Gruppe gleichgültiger Unbekannter wiederfinden, dann ist es dir erlaubt, einfach still zu bleiben.

Sei freundlich und erfreue dich an einem lustigen Gespräch, solange es angemessen ist, vermeide aber das ungezügelte Kneipengelächter, das schnell ins Vulgäre oder Bösartige abrutscht. Lache *mit*, aber lache niemals *über*.

Unterlasse es nach besten Kräften, leere Versprechungen zu machen.

Vermeide den Großteil populärer Unterhaltung

Das Allermeiste, was in unseren Tagen als legitime Unterhaltung anerkannt wird, ist tatsächlich minderwertig oder töricht, befriedigt nur die Schwächen des Publikums oder nutzt sie aus. Vermeide es, ein Teil des Pöbels zu sein, der sich an solchem Zeitvertreib ergötzt. Dein Leben ist zu kurz dafür und du hast Wichtigeres zu erledigen. Unterscheide scharf, welchen Bildern und Vorstellungen du Zugang zu deinem Gehirn gewährst. Wählst du nicht selbst aus, welchen Gedanken und Eindrücken du dich aussetzt, dann werden es andere für dich tun, und deren Motive sind möglicherweise nicht die lautersten. Es ist die einfachste Sache der Welt, kaum wahrnehmbar ins Vulgäre abzugleiten. Aber so weit muss es nicht kommen, wenn du dich dazu entscheidest, deine Zeit und Aufmerksamkeit nicht mit geistlosem Unsinn zu vergeuden.

Achte darauf, mit wem du dich umgibst

Ganz gleich, was jemand öffentlich bekundet, er oder sie lebt möglicherweise nicht wahre geistige Werte. Achte gut darauf, wem du dich zugesellst. Es liegt in der menschlichen Natur, die Angewohnheiten derer zu imitieren, mit denen wir interagieren. Unbeabsichtigt übernehmen wir ihre Interessen, ihre Ansichten, ihre Wertvorstellungen und ihre Art und Weise, Begebenheiten zu interpretieren. Obwohl viele Menschen gute Absichten haben, können sie gleichzeitig einen verderblichen Einfluss auf dich haben, weil sie undiszipliniert in ihrer Auswahl dessen sind, was für sie wertvoll ist und was nicht. Nur weil andere dich zuvorkommend behandeln, bedeutet das nicht, dass du dich mit ihnen abgeben musst. Bloß weil sie deine Gesellschaft suchen und möglicherweise Interesse an deinen Angelegenheiten zeigen, bedeutet das nicht, dass du dich mit ihnen verbünden solltest. Sei wählerisch in der Wahl deiner Freunde, Kollegen und Nachbarn. Alle diese Individuen können dein Schicksal nachhaltig beeinflussen. Die Welt ist voll von scheinbar liebenswürdigem und talentiertem Volk. Der Schlüssel zur richtigen Auswahl liegt darin, dir nur solche Menschen zur Gesellschaft zu machen, die dich geistig erbauen, deren Gegenwart deine besten Seiten zum Vorschein bringt. Bedenke aber gleichzeitig, dass moralische Einflussnahme keine Einbahnstraße ist, daher sollten wir durch unsere Worte, Gedanken und Handlungen sicherstellen, dass wir eine positive Einwirkung auf die Menschen in unserer Umgebung haben.

Der tatsächliche Beweis persönlicher Vortrefflichkeit ist in der Aufmerksamkeit zu finden, die wir den oft vernachlässigten kleinen Details unseres Verhaltens schenken. Stelle dir regelmäßig die Frage: »In welcher Weise beeinflussen meine Gedanken, Worte und Taten die Menschen in meinem Umfeld: meine Freunde, meine Partnerin oder meinen Partner, meine Nachbarn, mein Kind, meinen Arbeitgeber, meine Untergebenen, meine Mitbürger? Trage ich meinen Teil zur seelischen und geistigen Verbesserung derer bei, mit denen ich in Kontakt komme?« Mache es dir zur Aufgabe, die besten Seiten in anderen zum Vorschein zu bringen, indem du selbst ein leuchtendes Vorbild bist.

Sorge für deinen Körper

❖

Respektiere die Bedürfnisse deines Körpers. Lasse ihm ausgezeichnete Fürsorge angedeihen, um deine Gesundheit und dein Wohlbefinden zu fördern. Gib ihm alles, was er unbedingt benötigt, gesundes Essen und Trinken, würdige Kleidung und ein warmes und komfortables Zuhause. Hüte dich aber davor, deinen Körper als Mittel für Protzerei oder als Luxusgegenstand zu verwenden.

Vermeide Gelegenheitssex

Enthalte dich zufälligen Liebschaften und vermeide im Besonderen den vorehelichen Sexualverkehr. Das mag sich prüde oder altmodisch anhören, es ist jedoch ein seit Langem bewährtes Verhalten, um uns selbst und anderen Respekt zu zeigen. Sex ist kein leichtfertiges Spiel, sondern hat sehr reale und lang andauernde emotionale und praktische Konsequenzen. Dies zu ignorieren, bedeutet nicht nur, deinen eigenen Wert herabzusetzen, sondern auch die Signifikanz menschlicher Beziehungen außer Acht zu lassen.

Wenn du aber jemanden kennst, der oder die Gelegenheitssex hatte, dann versuche nicht, ihn oder sie selbstgerecht von deinen Ansichten zu überzeugen. Denn ein aktives Sexualleben, wenn es im Rahmen persönlicher Verantwortung stattfindet, kann durchaus die Integrität der Beteiligten vergrößern und Teil eines florierenden Lebens sein.

Verteidige weder deinen Ruf noch deine Vorhaben

❖

Fürchte dich nicht vor Beschimpfungen oder Kritik. Nur ein schwacher Charakter fühlt sich dazu gezwungen, sich gegenüber anderen verteidigen oder erklären zu müssen. Lass stattdessen das Wesen deiner Taten für dich sprechen. Wir können die Ansichten nicht kontrollieren, die andere über uns haben, und jeglicher Versuch in diese Richtung ist deines Charakters unwürdig. Sollte dir also jemand erzählen, dass jemand anderes schlecht über dich gesprochen hat, dann solltest du keine Erklärungen oder Entschuldigungen bemühen. Antworte einfach mit einem freundlichen Lächeln: »Ich vermute, dass diese Person alle meine anderen Fehler gar nicht kennt. Sonst hätte sie doch nicht nur jene erwähnt.«

Verhalte dich würdevoll

Unabhängig davon, wo du dich befindest, verhalte dich so, als wärst du eine distinguierte Persönlichkeit. Während das Verhalten vieler Leute davon bestimmt wird, was um sie herum vorgeht, solltest du dich auf einem höheren Niveau bewegen. Achte darauf, dich von Partys oder Spielen fernzuhalten, wo gedankenloses Lärmen und wüste Trinkerei an der Tagesordnung sind. Solltest du an einer öffentlichen Veranstaltung teilnehmen, dann stehe fest zu deinen eigenen Absichten und Idealen.

Orientiere dich an wertvollen Vorbildern

Eine der besten Methoden, deinen Charakter zu verbessern, ist es, achtbare Vorbilder zu finden und diese anschließend nachzuahmen. Bietet sich dir die Gelegenheit, auf eine berühmte Persönlichkeit zu treffen, dann brauchst du jedoch nicht nervös zu werden. Rufe dir die Charaktereigenschaften der Menschen in Erinnerung, die du am meisten bewunderst, und mache dir ihre Verhaltensweisen, ihre Art zu sprechen und ihr Benehmen zu eigen. Darin liegt keine Falschheit. Wir alle tragen in unserem Inneren die Samen für Erhabenheit und Größe, wir brauchen aber ein Vorbild als Fixpunkt, um diese Saat zum Keimen zu bringen.

Nur weil du auf jemanden mit großem Ansehen triffst, bedeutet das nicht, dass du übertrieben ehrfürchtig sein musst. Ein Mensch ist immer nur ein Mensch, unabhängig von seinen Fähigkeiten oder seinem Einfluss.

Übe Besonnenheit im gesellschaftlichen Umgang

Wichtigtuerei ist nicht die Art eines wahren Philosophen. Niemand ist gern in Gesellschaft eines Angebers. Tyrannisiere deine Gesprächspartner nicht mit dramatischen Geschichten deiner eigenen Heldentaten. Kein Mensch hat ein wirkliches Interesse an deinen Kriegserlebnissen oder aufregenden Abenteuern, auch wenn dich so mancher aus reiner Höflichkeit gewähren lassen wird. Häufig und übermäßig über deine eigenen Errungenschaften zu schwadronieren, ist ermüdend und prahlerisch.

Du musst auch nicht den Klassenclown spielen. Ebenso wenig musst du auf taktlose Mittel zurückgreifen, um anderen vorzuführen, wie clever, weltklug oder leutselig du bist.

Eine aggressive, leichtfertige oder großspurige Redeweise sollte vollständig vermieden werden. Das führt nur dazu, dass dein Ansehen in den Augen deiner Gesprächspartner sinkt.

Viele würzen ihre Sprache beiläufig mit Kraftausdrücken in dem Versuch, ihrem Gesagten mehr Nachdruck und Intensität zu verleihen oder um andere in Verlegenheit zu bringen. Verweigere es, dich einer solchen Redeweise anzuschließen. Wenn deine Gesprächspartner damit beginnen, in unanständiges und nichtssagendes Palaver abzurutschen, dann verabschiede dich. Ist dir das nicht möglich, kannst du zumindest stumm bleiben und durch einen ernsten Gesichtsausdruck zeigen, dass derlei plumpes Geschwätz dein Missfallen erregt.

Ziehe nachhaltige Erfüllung der sofortigen Lustbefriedigung vor

Deine Vernunft soll dir dein oberster Ratgeber sein. Pflege den Habitus, dich mit dir selbst zu beraten. Übe dich in der Kunst nachzuprüfen, ob bestimmte Dinge wertvoll sind oder nicht. Lerne, dir Zeit zu nehmen und abzuwägen, anstatt dich stets von deinem ungeschulten Instinkt leiten zu lassen. Spontaneität ist nicht in jedem Fall eine Tugend.

Wenn dir ein Vergnügen winkt und es dich verführerisch lockt, dann halte dich zurück und denke nach, bevor du dich kopflos der Sinneslust hingibst. Betrachte die Angelegenheit ganz nüchtern: Befriedigt dieses Vergnügen nur eine momentane Lustempfindung oder bringt es dir wirkliche und ausdauernde Zufriedenheit? Zu lernen, billigen Nervenkitzel und nachhaltige Erfüllung auseinanderzuhalten, hat Einfluss sowohl auf deine Lebensqualität als auch auf deine Persönlichkeitsentwicklung. Solltest du nach eingehender Überlegung zu dem Schluss kommen, dass du es vielleicht bereuen könntest, dich diesem Vergnügen hinzugeben, dann halte dich davon zurück und erfreue dich stattdessen an deiner Enthaltsamkeit. Verstärke den Triumph deines Charakters und du wirst selbst gestärkt.

Vertrete einen Standpunkt

Wenn du dich mit dir selbst beraten hast und zu dem Schluss gekommen bist, dass eine bestimmte Handlungsweise klug und weise ist, dann zweifle anschließend dein Urteil nicht mehr länger an. Stehe fest hinter deiner Entscheidung. Es ist durchaus möglich, dass bestimmte Mitmenschen deine Intentionen missverstehen und dich vielleicht sogar verurteilen. Wenn du aber nach deiner Überzeugung richtig handelst, hast du nichts zu befürchten. Bewahre deinen Standpunkt. Gebe dich nicht zaghafter Unverbindlichkeit hin.

Höflichkeit und Logik haben beide ihren Platz

❖

Anstand und Logik sind unterschiedliche Dinge und haben beide ihre geeignete Anwendbarkeit.

Die Behauptung »Es ist entweder Tag oder Nacht« funktioniert gut in einer Entweder-oder-Debatte, nicht so gut dagegen in einem freundlichen Gespräch. Ganz ähnlich mag es bei einem Festessen vielleicht sinnvoll erscheinen, dir selbst die größte Portion aufzutun, wenn du richtig hungrig bist, allerdings wäre das schlichtweg schlechtes Benehmen.

Isst du in Gesellschaft, dann mache dir nicht nur bewusst, welchen Gefallen dein Körper an den angebotenen Leckerbissen finden könnte, sondern auch, wie wichtig angemessenes Benehmen und eine vornehme Wesensart sind.

Selbstbeherrschung beruht auf Ehrlichkeit gegenüber sich selbst

Finde heraus, wer du bist und wozu du imstande bist. Nichts Großartiges wird aus dem Augenblick heraus erschaffen, dasselbe gilt für unsere Talente und Begabungen. Wir befinden uns in einem fortdauernden Lernprozess und entwickeln uns ständig weiter. Herausforderungen sollten wir freudig annehmen. Auf diese Weise erreichen wir die nächste Stufe unserer intellektuellen, physischen und moralischen Entwicklung. Führe dich aber nicht selbst hinters Licht: Versuchst du, etwas oder jemand zu sein, der du nicht bist, dann setzt du dich selbst herab und versäumst es dadurch, dich auf den Gebieten zu entwickeln, auf denen du dich auf ganz natürliche Weise auszeichnen könntest.

Innerhalb der göttlichen Ordnung haben wir alle eine eigene individuelle Berufung. Höre auf die deine und folge ihr getreulich nach.

Wache über deine Vernunft

Ebenso wie du mit Umsicht deiner Wege gehst, um nicht auf einen Nagel zu treten oder deinen Fuß zu verletzen, solltest du auch mit äußerster Achtsamkeit dafür sorgen, dass nichts deine höchste geistige Fähigkeit schädigt. Das tugendhafte Leben beruht zuallererst auf der Vernunft. Beschützt du deine Vernunft, beschützt sie dich.

Übe dich in Proportionalität und Mäßigkeit

Mit beständiger Wachsamkeit können wir unsere Tendenz zur Übermäßigkeit eindämmen. Deine Besitztümer sollten in der rechten Proportion zu den Bedürfnissen deines Körpers stehen, genauso wie dein Schuh an deinen Fuß passen sollte.

Ohne charakterliche Unterweisung sind wir leicht dazu veranlasst, uns der Ausschweifung hinzugeben. Bleiben wir beim Beispiel des Schuhs: So mancher ist versucht, sich ausgefallene und exotische Schuhe zu kaufen. Dagegen ist alles, was wir wirklich benötigen, bequemes, haltbares und gut passendes Schuhwerk.

Wenn wir uns auch nur in geringem Umfang der Maßlosigkeit hingeben, wirkt das wie eine Triebfeder und wir laufen Gefahr, uns nur noch mehr unseren Launen hinzugeben.

Innere Vortrefflichkeit zählt mehr als äußere Erscheinung

Besonders Frauen haben unter der Aufmerksamkeit zu leiden, die sie für ein gefälliges Aussehen erfahren. Schon von früh auf werden sie von ihren männlichen Zeitgenossen umschmeichelt oder werden ausschließlich aufgrund ihrer äußeren Erscheinung beurteilt. Unglücklicherweise kann dies dazu führen, dass sich eine Frau zu guter Letzt nur dazu berufen fühlt, Männern zu gefallen, und ihre inneren Anlagen traurigerweise verkümmern lässt. Sie mag sich dazu getrieben fühlen, große Energie und Zeit darauf zu verwenden, ihre äußere Schönheit zu steigern und ihr natürliches Selbst zu verzerren, nur um anderen zu gefallen. So traurig es ist: Viele Menschen – sowohl Männer wie Frauen – legen allergrößten Wert auf ihre körperliche Erscheinung und auf den Eindruck, den sie auf andere machen.

Wer Weisheit sucht, wird mit der Zeit zu dem Verständnis gelangen, dass uns die Welt oft aus falschen oder oberflächlichen Gründen entlohnt, beispielsweise für unsere äußere Erscheinung oder die Familie, der wir entstammen. Wesentlich wichtiger aber ist, wer wir im Inneren sind und in welche Richtung wir uns entwickeln.

Kümmere dich mehr um deinen Kopf als um deinen Körper

Wer charakterlich ungebildet ist, verbringt übermäßig viel Zeit damit, sich um seinen Körper zu sorgen. Die tierischen Funktionen deines Körpers sollst du nebenher erledigen. Dein Hauptaugenmerk sollte aber eher auf der Pflege und der Weiterentwicklung deiner Vernunft liegen. Denn nur mit ihrer Hilfe bist du imstande, die Gesetze der Natur richtig zu verstehen.

Schlechte Behandlung entstammt falschen Sinneseindrücken

❖

Wenn du von anderen Menschen respektlos behandelt wirst oder sie schlecht über dich sprechen, dann denke daran, dass sie sich aufgrund ihrer Wahrnehmungen dazu berechtigt fühlen. Es ist unrealistisch zu erwarten, dass andere dich mit den gleichen Augen betrachten wie du dich selbst. Wenn andere zu ihren Schlussfolgerungen aufgrund falscher Sinneswahrnehmungen kommen, dann tragen sie letztendlich den Schaden davon, denn sie sind es, die in die Irre geführt werden. Wenn jemand eine wahre Behauptung als falsch interpretiert, dann hat das keinen negativen Einfluss auf die Behauptung selbst; nur die Person, die zu einer falschen Ansicht gelangt, wird getäuscht und schadet sich dadurch. Hast du dies einmal klar verstanden, wirst du dich nicht mehr so schnell von anderen beleidigt fühlen, sogar im Fall, dass sie dich verunglimpfen sollten. Du kannst dir selbst klarmachen: »Es hatte für diese Person diesen oder jenen Anschein, aber das ist nur ihre Sinneswahrnehmung.«

Alles hat zwei Henkel

Jedes Ding hat zwei Henkel: Am einen kann es getragen werden, am anderen nicht.

Wenn dich beispielsweise dein Bruder oder deine Schwester schlecht behandelt, dann fasse die Situation nicht am Henkel des Schmerzes oder der Ungerechtigkeit an, sonst wirst du deine Lage nicht ertragen können und verbittern. Handle entgegengesetzt. Ergreife die Situation beim Henkel der familiären Bande. Mit anderen Worten, konzentriere dich darauf, dass dies dein Bruder oder deine Schwester ist, dass ihr zusammen aufgewachsen seid und daher eine fortdauernde und unverbrüchliche Verbindung habt. Wenn du die Situation aus einem solchen Winkel betrachtest, dann schätzt du sie richtig ein und kannst dir dein seelisches Gleichgewicht bewahren.

Klares Denken ist unerlässlich

Das Leben in Weisheit ist ein Leben in der Vernunft. Es ist wichtig zu lernen, klar zu denken. Das klare Denken ist keine vom Zufall bestimmte Angelegenheit, es bedarf der korrekten Unterweisung. Mithilfe des klaren Denkens sind wir nicht nur in der Lage, unseren Willen richtig zu lenken und unseren Vorsätzen treu zu bleiben, sondern auch die Verbindungen zu erkennen, die wir mit den Menschen in unserem Umfeld haben und auch die Verpflichtungen, die sich aus diesen Verbindungen ergeben. Ein jeder sollte lernen, kraftlose und irrige Denkweisen zu erkennen. Strebe danach, die Gesetzmäßigkeiten zu erfassen, wie korrekte Rückschlüsse gezogen werden, um falsche Schlussfolgerungen zu vermeiden.

Beachte die fehlerhafte Logik im folgenden Beispiel: »Ich bin reicher als du, daher bin ich ein besserer Mensch.« Wir treffen andauernd auf solch absurde Behauptungen, obwohl sie offensichtlich völlig falsch sind. Der richtige Rückschluss in diesem Falle wäre stattdessen: »Ich bin reicher als du; daher besitze ich mehr Güter und Geld als du.«

Ein weiteres Beispiel: »Ich kann überzeugender reden als du; daher bin ich besser als du.« Die Schlussfolgerung sollte stattdessen sein: »Ich rede überzeugender als du; daher zeigt meine Rede eine größere Wirkung als deine.«

Beachte aber: Dein Charakter ist völlig unabhängig von Besitz oder Redebegabung.

Nimm dir die Zeit, dir mit Fleiß und Beharrung eine klare Denkungsweise anzueignen, dann kann dich niemand hinters Licht führen. Eine fundierte Ausbildung in Logik und den Regeln des überzeugenden Argumentierens kann dir gute Dienste leisten.

Nenne Dinge bei ihrem richtigen Namen

Wenn wir Dinge korrekt benennen, dann begreifen wir sie korrekt, ohne zusätzliche Informationen oder Bewertungen anzufügen, die nicht vorhanden sind. Badet jemand in Eile? Sage nicht, dass sie oder er sich ungenügend wäscht, sondern dass sie oder er die Körperhygiene schnell erledigt. Beschreibe die Situation, wie sie ist; filtere sie nicht durch dein persönliches Urteil.

Spricht jemand gern dem Wein zu? Behaupte nicht, dass diese Person ein Trinker oder eine Trinkerin ist, nur dass sie viel trinkt. Wie kannst du wissen, ob sie es ist, ohne eine vollständige Kenntnis ihres Lebens zu haben?

Lasse dich weder von äußerer Erscheinung täuschen noch dazu verführen, Theorien und Interpretationen zu konstruieren, die auf Verzerrung durch falsche Benennung beruhen. Billige nur, was tatsächlich der Wahrheit entspricht.

Weisheit wird durch Taten offenbart, nicht durch Worte

Beschreibe dich weder selbst als weise, noch diskutiere deine geistigen Bestrebungen mit Mitmenschen, die dafür nicht aufgeschlossen sind. Offenbare deinen wahren Charakter und deine Hingabe an persönliche Größe durch deine Taten.

Lebe einfach, um deiner selbst Willen

Du musst nicht mit stolzgeschwellter Brust herumlaufen, wenn du in der Lage bist, deine Bedürfnisse mit geringen Mitteln zu bestreiten. Die vorderste Aufgabe eines jeden, der ein Leben in Weisheit führen möchte, ist, sich von den Fesseln der Selbstbezogenheit frei zu machen.

Bedenke, wie viel bescheidener arme Menschen ihr Dasein fristen und wie viel besser sie ihr mühseliges Los ertragen. Willst du die Fähigkeit entwickeln, einfach zu leben, dann sollst du diesen Weg für dich selbst und ohne großes Aufhebens gehen, und nicht, um andere damit zu beeindrucken.

Weisheit verlangt Wachsamkeit

Die meisten von uns sind sich nicht darüber im Klaren, dass sowohl Heil als auch Schaden aus unserem Inneren kommen. Stattdessen werden zur Erklärung gern externe Faktoren bemüht, geblendet von äußerem Schein. Kluge Menschen dagegen erkennen, dass die Quelle sowohl für das eigene Wohl als auch für das eigene Übel ganz allein in ihnen selbst zu finden ist. Sie machen daher nicht andere verantwortlich oder verlieren sich in Schuldzuweisungen. Sie haben es auch nicht nötig, andere davon zu überzeugen, dass sie besonders wertvoll, außergewöhnlich oder vornehm sind. Kluge Menschen begegnen Herausforderungen mit ihren inneren Ressourcen; werden sie gelobt, lächeln sie freundlich und ungerührt in sich hinein; werden sie dagegen verleumdet, erachten sie es nicht als notwendig, sich zu rechtfertigen. Dabei sind sie im täglichen Dasein stets wachsam, erwarten, dass die Dinge einen guten Lauf nehmen, aber ohne sichere Garantien. Sie verstehen es, ihre Wünsche mit dem wirklichen Leben in Einklang zu bringen, und versuchen, nur denjenigen Dingen aus dem Weg zu gehen, die sie an der Ausübung ihres freien Willens behindern könnten. Sie praktizieren Mäßigung in allen Lebensbereichen. Sollten sie anderen einfältig oder naiv erscheinen, so bleiben sie davon unberührt. Sie besitzen das tiefe Wissen, dass sie nur auf ihren eigenen Weg und die Richtung ihrer eigenen Bestrebungen achten müssen.

Gelebte Weisheit ist wichtiger als das Wissen darüber

Sollte jemand versuchen, dich zu beeindrucken, indem er vorgibt, die Schriften und Gedanken eines großen Denkers wie beispielsweise Chrysippos* zu verstehen, dann mache dir klar, dass es nicht ausreicht, über solche schwer verständlichen Themen nur fließend dozieren zu können. Von grundlegender Wichtigkeit ist es, die Natur in ihrer Ganzheit zu begreifen und deine Vorhaben und Taten mit der tatsächlichen Wirklichkeit in Einklang zu bringen. Wem sich die Schriften von Chrysippos oder die Gedanken eines jeden großen Denkers in ihrer Ganzheit erschließen, der hat keine andere Wahl, als diese Lehren in seinem Leben auch umzusetzen. Es besteht ein himmelweiter Unterschied in der Äußerung schätzenswerter Dinge und ihrer tatsächlichen Ausführung.

Lege nicht zu viel Gewicht auf Gelehrsamkeit. Orientiere dich stattdessen am Beispiel von Menschen, deren Taten mit ihren öffentlichen Bekundungen Hand in Hand gehen.

* Anm. d. Übers.: Chrysippos von Soloi (ca. 279 – ca. 206 v. Chr.) war ein griechischer stoischer Philosoph. Er war Schüler des Kleanthes in der stoischen Schule. Nach dessen Tod um das Jahr 230 v. Chr. übernahm Chrysippos die Leitung der Schule. In zahlreichen Schriften erweiterte Chrysippos die Lehre des Schulgründers Zenon von Kition. Aufgrund seines Wirkens wurde er von späteren Generationen als der zweite Begründer des Stoizismus bezeichnet.

Prinzipien zu praktizieren, ist wertvoller als der Nachweis ihrer Richtigkeit

❖

Ein Leben in Weisheit beginnt damit zu lernen, grundlegende Prinzipien wie »Du sollst nicht lügen« in die Praxis umzusetzen. Im zweiten Schritt wird dann die Gültigkeit dieser Prinzipien aufgezeigt, in unserem Beispiel also: Warum wir nicht lügen sollen. Der dritte Schritt, die ersten beiden verbindend, zeigt nachfolgend auf, warum die Erklärungen im zweiten Schritt genügen, um die Prinzipien an sich zu rechtfertigen. Während die zweiten und dritten Schritte durchaus von Wert sind, ist aber der erste der Allerwichtigste. Denn nichts ist einfacher und wird häufiger praktiziert, als die Unwahrheit zu sagen, um im gleichen Atemzug mit Gerissenheit aufzuzeigen, dass es falsch ist zu lügen.

Beginne, deine Ideale zu leben

Jetzt ist es an der Zeit, deine Ideale ernsthaft in die Tat umzusetzen. Hast du einmal festgelegt, welchen geistigen Prinzipien du nachleben möchtest, dann folge diesen Regeln, als wären sie strenge Gesetze, als wäre es sogar eine große Sünde, sie zu missachten.

Kümmere dich nicht darum, wenn andere deine Überzeugungen nicht teilen. Wie lange willst du noch aufschieben, zu sein, wer du wirklich sein willst? Dein besseres Selbst kann keinen Tag länger warten!

Lebe nach deinen Prinzipien – jetzt. Höre auf mit Entschuldigungen und Aufschub. Dies ist dein Leben! Du bist kein Kind mehr. Je eher du dich auf den Pfad des geistigen Wachstums begibst, desto glücklicher wirst du werden. Je länger du aber wartest, desto leichter wirst du ein Opfer der Mittelmäßigkeit, voller Scham und Kummer, weil du in deinem Inneren weißt, dass du zu Besserem befähigt bist.

Versprich dir selbst, ab jetzt aufzuhören, dich selbst zu enttäuschen. Hebe dich vom gemeinen Pöbel ab. Entschließe dich dazu, außergewöhnlich zu sein, und handle danach – heute.

ESSENZIELLE
UNTERWEISUNGEN
FÜR
CHARAKTERKRAFT,
GLÜCK UND
GELASSENHEIT

Warum gut sein?

Das stoische Konzept der Tugend im epiktetischen Sinne hat unserer Kultur einen unauslöschlichen, aber gleichzeitig auch oft unterschätzten Stempel aufgedrückt. Descartes, Spinoza, Rousseau, Nietzsche, Marx und die Gründerväter der Vereinigten Staaten sind nur einige der Macher und Führungsfiguren, die dem Gedankengut der stoischen Ethik viel zu verdanken haben.

Der Begriff der Tugend war bis in die jüngste Vergangenheit verpönt. Das Wort hatte für neuzeitliche Ohren einen altmodischen und sogar einen etwas gouvernantenhaften Klang. Epiktets Philosophie der Tugend lehrt uns jedoch weder Gutmenschen noch Fußabtreter zu sein. Tugend, Glück und Gelassenheit sind nicht einzelne, voneinander abgetrennte Erfahrungen, sondern Zustände, die sich in Abhängigkeit zueinander entwickeln.

Während Epiktet dafür eintrat, Charakterkraft schon um ihrer selbst willen zu praktizieren, war es seine aus der lebendigen Erfahrung gewonnene Überzeugung, dass ein tugendhaftes Dasein zu innerer Kohärenz und äußerer Harmonie führt. Moralische Beständigkeit wirkt befreiend: Die Seele kommt zur Ruhe, was es uns ermöglicht, unsere Vorhaben effizient durchzuführen, oder mit den Worten Epiktets: »ohne Hemmnis«.

Innerer Wirrwarr und sogar das Böse selbst dagegen entstammen der Ambiguität. Epiktet lehrt uns, unsere besten

Seiten hervorzurufen, indem wir unseren ganz eigenen moralischen Kodex aufstellen und ihm nachleben. Wenn wir zunehmend unsere äußeren Handlungen mit diesem inneren Gesetz in Einklang bringen, können wir Freiheit, innere Ruhe und Selbstvertrauen gewinnen.

Epiktet regt uns dazu an, »äußeren« Auswahlmöglichkeiten (oder, was wir heute vielleicht als »Wahl des Lebensstils« bezeichnen würden) wenig Aufmerksamkeit zu schenken und uns stattdessen auf die unscheinbaren, aber signifikanten Wahlmöglichkeiten zu konzentrieren, die uns unser innerer moralischer Kompass jeden Tag aufs Neue gibt.

Der Ruf der Seele

Hauptaufgabe der Philosophie ist es, den Ruf der Seele zu beantworten; den Sinn unseres Leidens und unserer Ängste zu erkennen und uns dadurch aus ihren Fängen zu befreien. Von der Philosophie erhalten wir Antworten, wenn wir am Ende unserer Weisheit angelangt sind. Das beharrliche Gefühl, dass etwas in unserem Leben nicht stimmig ist, und das Verlangen, uns selbst auf unser besseres Selbst zurückzubesinnen, lassen nicht locker. Unsere Furcht vor dem Tod und vor dem Alleinsein, unsere Verwirrung, wenn es um Liebe und Sexualität geht, und unser Gefühl der Ohnmacht im Angesicht unseres Zorns und unserer ausschweifenden Ambitionen bewegen uns dazu, die ersten ernsthaften philosophischen Fragen an uns selbst zu stellen.

Die bittere Wahrheit ist: Unser Leben hat auf den ersten Blick keinen offensichtlichen Sinn. Grausamkeit, Ungerechtigkeit, körperliches Unwohlsein, Krankheit, Ärgernisse sowie große und kleine Unannehmlichkeiten sind die nüchternen Tatsachen des täglichen Lebens. Was können wir dagegen tun? Wie können wir angesichts von Schmerz und Leid in der Welt und unseren eigenen unberechenbaren Gefühlslagen ein erfülltes Leben führen, anstatt uns einer verzweifelten Duldungsstarre hinzugeben und – ähnlich einem Lastesel – Überdruss und ungebetene Verantwortlichkeiten nur aushalten?

Wenn uns die Seele ruft, ist das ein Zeichen, dass wir auf einer unausweichlichen und gereiften Stufe der Selbstreflexion angelangt sind. Des Rätsels Lösung ist nun, nicht dort stehenzubleiben, herumzueiern oder sich verzweifelt die Haare zu raufen, sondern vorwärts zu marschieren in der festen Entschiedenheit zur Heilung des *Selbst*. Die Philosophie fordert uns dazu auf, beherzt zu sein. Ihre Heilwirkung ist in der unerschrockenen Freilegung der fehlerhaften und trügerischen Grundannahmen zu finden, auf die wir bisher unser Leben und unsere eigene Identität aufgebaut haben.

Die wahre Aufgabe der Philosophie

Echte Philosophie beinhaltet keine exotischen Rituale, mysteriöse Liturgie oder kuriose Vorstellungen. Sie besteht auch nicht aus abstrakter Theorie und Analyse. Stattdessen ist sie ganz simpel die Liebe zur Weisheit. Philosophie ist die Kunst, ein wertvolles Leben zu führen. Um diesen Zweck zu erfüllen, muss sie von Religionsgurus oder professionellen Philosophen ferngehalten werden, sonst besteht die Gefahr, dass sie entweder zum esoterischen Kult wird oder zu einer Reihe leidenschaftsloser intellektueller Techniken oder Denkaufgaben verkommt, die nur dazu dienen, anderen die eigene Schlauheit vorzuführen.

Philosophie ist ein Allgemeingut und wird nur von denjenigen authentisch praktiziert, die den geistreichen Worten auch weltliche Taten folgen lassen, die helfen, das Leben aller zu verbessern.

Die Aufgabe der Philosophie ist es zu beleuchten, inwiefern unsere Seele mit haltlosen Überzeugungen, unreflektierten, wirren Begierden und fragwürdigen Lebensentscheidungen und Vorlieben infiziert ist, die unser nicht würdig sind.

Genaue Selbstprüfung, die mit freundlicher Nachsicht angewendet wird, ist das passende Gegenmittel für solche Leiden. Neben der Ausmerzung unserer seelischen Verdorbenheit soll ein Leben in Weisheit uns außerdem aus unserer Trägheit aufscheuchen und uns die Richtung zu einem tatkräftigen und gleichzeitig heiteren Leben weisen.

Die geübte Anwendung von Logik, Disputation und die antrainierte Fähigkeit, die Dinge richtig zu benennen, sind einige der Werkzeuge, die uns die Philosophie an die Hand gibt, um dauernde Scharfsicht und innere Gelassenheit zu erreichen. Denn das ist das wahre Glück.

Dieses Glück, das unser wirkliches Ziel ist, muss korrekt verstanden werden. Glück wird gern und oft missverstanden als passiv erfahrenes Vergnügen oder Muße. Dieses Glücksverständnis greift jedoch zu kurz. Tatsächlich ist das einzige erstrebenswerte Ergebnis unserer Bemühungen ein blühendes Leben. Wahres Glück ist in Wirklichkeit ein Wort der Tat. Es ist die fortdauernde und dynamische Ausführung wertvoller Handlungen. Das gedeihende Leben, dessen Grundlage tugendhafter Vorsatz ist, ist ein kontinuierlich improvisierter Prozess, in dessen Verlauf unsere Seele an Reife gewinnt. Unser Dasein ist dann nicht nur für uns selbst von Nutzen, sondern ebenso für alle diejenigen, mit denen wir in Berührung kommen.

Als Philosophen entdecken wir den Unterschied zwischen dem, was wirklich wahr ist und dem, was nur das zufällige Ergebnis irriger Gedankengänge, leichtsinnig erworbener falscher Schlüsse, gut gemeinter, aber fehlerhafter Ratschläge von Eltern oder Lehrern und unreflektierter kultureller Anpassungsvorgänge ist.

Um unserer gebeutelten Seele Erleichterung zu verschaffen, sollten wir eine disziplinierte Selbstprüfung mithilfe von Gedankenexperimenten betreiben, wodurch unsere Fähigkeit geschult wird, förderliche von bequemen oder gar schädlichen Überzeugungen und Gewohnheiten zu trennen.

Der erste Schritt

Den ersten Schritt in Richtung eines weisen Lebens gehen wir, wenn wir es aufgeben, uns selbst zu betrügen. Erkenne die wahnhafte Torheit, ein sprunghafter Alleswisser zu sein, dessen oberflächliches Gemüt ständig seine reflexhafte Eindrücke von Vorkommnissen oder Menschen ausplappert und aktuelle Erfahrungen sofort in früher geformte Kategorien hineinzwingt: »Oh ja, die vorliegende Sache ist genau wie diese oder jene.«

Betrachte die Welt immer wieder aufs Neue – wie sie sich mit ihren eigenen Bedingungen präsentiert – und stets mit dem Auge eines Neulings. Durch das Bewusstsein und in der Anerkennung, dass du *nichts* weißt, ohne dich dafür kleinlaut entschuldigen zu müssen, beweist du wahre Stärke und bereitest gleichzeitig einen fruchtbaren Boden für Wissensgewinn und Fortschritt in jedem deiner Unterfangen.

Die Klügsten unter uns können die natürlichen Grenzen unseres Wissens anerkennen und haben gleichzeitig den Mut, sich ihre Naivität zu bewahren. Sie haben ein Verständnis dafür, wie wenig wir alle tatsächlich wissen und verstehen. Es gibt kein eindeutiges und endgültiges Wissen. Kluge Menschen verwechseln nicht Informationen und Zahlenmaterial, mögen sie auch noch so überzeugend und schlau präsentiert werden, mit umfassendem Wissen oder transzendenter Weisheit. Ihre Äußerungen bestehen häufig aus einem einfachen »Hmmm« oder »Tatsächlich!«. Haben wir einmal erkannt, wie wenig wir tatsächlich wissen, werden wir nicht so schnell von Schnellschwätzern, einnehmenden Menschenfängern oder Demagogen übertölpelt. Lebhafte Wissbegierde ist eines der Wahrzeichen eines blühenden Lebens.

Arroganz ist dagegen die banale Maskerade für Feigheit; noch viel wichtiger ist sie das größte Hindernis auf dem Weg zu einem blühenden Leben. Klares Denken und Selbstgefälligkeit schließen einander aus Gründen der Logik gegenseitig aus. Trotz des äußeren Anscheins hat die Menschheit keine inhärente Hackordnung. Jeder Einzelne in dieser Welt ist wichtig. Wenn du ernsthaft nach Seelenfrieden und Erfolg in deinen Bemühungen strebst, dann halte dich von jeder Art von Selbstgefälligkeit fern.

Eigendünkel ist ein eisernes Tor, dass kein neues Wissen einlässt, auch keine expandierenden Möglichkeiten oder konstruktive Ideen. Schwelgen wir in übertriebener Selbstüberzeugung hinsichtlich unseres Wissens, unserer Fähigkeiten oder Erfahrungen und unternehmen wir infolgedessen den Versuch, mehr Macht oder Autorität zu übernehmen, als uns tatsächlich zusteht, wird uns das zum Verhängnis. Solch selbstgefälliges Verhalten wirkt nicht nur abstoßend auf andere – die Gegenwart eines anmaßenden Rüpels ist schlichtweg geisttötend – sie führt außerdem zu einer Selbstbequemlichkeit, die eine Sinnesentwicklung in eine heilsame

Richtung verhindert. Eine solche Geisteshaltung führt dazu, dass wir uns in denselben altbekannten Kreisen drehen und uns in den immer gleichen Netzen verfangen. Nie passiert hier etwas Neues oder Fröhliches.

Höre auf, wie eine Elster zu schnattern. Achte auf das, was *wirklich* um dich herum vorgeht, im Unterschied zu dem, was nur in deiner *Vorstellung* passiert oder was sogar nur dein *Wunsch* ist, was geschehen sollte. Beobachte und sperre deine Ohren auf.

Um erfolgreich zu sein, müssen wir uns zuerst bescheiden und demütig darauf einlassen, ein wenig herumzuwursteln, unserer Nasenspitze nachzugehen, uns zu verlaufen oder sogar Dinge zu vermasseln. Habe den Mut, ein Vorhaben anzugehen, auch wenn das Ergebnis möglicherweise sehr bescheiden ist. Nicht beachtenswerte Existenzen sind an ihrer Angst zu erkennen, nicht fähig zu erscheinen, wenn sie versuchen, etwas Neues anzufangen.

Der Sinn neuer Erfahrungen ist es, unserem Dasein eine zusätzliche Tiefe zu verleihen und uns auf eine höhere Stufe der Kompetenz zu heben. Sie sind nicht dazu da, von Wichtigtuern als Mittel für die Verstärkung ihrer zuvor erworbenen Ansichten und Schlussfolgerungen missbraucht zu werden.

Bedeutsames Wissen und geistige Führung sind an den ungewöhnlichsten Orten zu finden. Willst du sie entdecken und sie dir zunutze machen, wenn du auf sie triffst, dann sei vorsichtig, damit du nicht prahlerisch und kritiklos selbstgefällig wirst.

Das rechtmäßige Strahlen des Erfolges dagegen, das durch Erreichen eines hart erarbeiteten und *wertvollen* Zieles aufleuchtet, darf nicht mit Arroganz verwechselt werden, die durch die Bezugnahme auf sich selbst und das Desinteresse an den Gefühlen oder Angelegenheiten anderer gekennzeichnet ist.

Ein blühendes Leben beruht auf Eigenständigkeit

Ein florierendes Leben ist keine Frage einer bestimmten Technik. Du kannst dich auch nicht in eine gut gelebte Existenz hineintricksen. Ebenso wenig kannst du es erreichen, indem du einer einfachen Fünf-Schritte-Formel folgst oder dem Dogma einer charismatischen Gestalt hinterherläufst. Ein blühendes Leben beruht auf der besten Beantwortung derjenigen Dinge, die momentan unsere individuelle Aufmerksamkeit erfordern.

Um ein außergewöhnliches Dasein zu führen, müssen wir unsere moralische Statur erhöhen, indem wir unseren Charakter kultivieren. Ungeschulte grübeln gern über die einzelnen Bestandteile ihrer Existenz nach. Sie verschwenden wertvolle Zeit mit Reue oder indem sie sich Wunschvorstellungen hinsichtlich ihrer Lebensumstände hingeben (»Wenn ich nur in einem besseren Haus oder an einem schöneren Ort leben könnte … Hätte ich nur einen anderen Partner oder eine andere Partnerin, einen glamouröseren Job, mehr Zeit für mich selbst …«). Der moralisch gebildete Mensch dagegen, anstatt seine derzeitige Lebenssituation und die damit einhergehenden Pflichten abzulehnen oder zu versuchen, sie zu vermeiden, zeigt sich dankbar und gibt sich freudig ganz den Pflichten hin, die ihm hinsichtlich seiner

Familie, den Freunden, Nachbarn und dem Beruf gegenüber aufgetragen sind. Wenn wir uns der Jammerei hingeben, vermindern wir unsere Möglichkeiten.

Die Überbewertung von Geld, Status und Wettbewerb vergiftet unsere persönlichen Beziehungen. Das blühende Leben kann erst dann erreicht werden, wenn wir lernen, unsere Begierden zu bezähmen, wenn wir einsehen, wie oberflächlich und flüchtig sie sind.

Aller Anfang ist schwer

❖

Die *ersten* Schritte in Richtung Weisheit sind die anstrengendsten, denn unsere schwachen und widerspenstigen Seelen scheuen jegliche Kraftanstrengung und fürchten das Unbekannte (ganz besonders, wenn eine Belohnung am Ende nicht garantiert ist).

Je weiter du aber in deinen Bemühungen fortschreitest, desto fester wird deine Entschlusskraft und die Veredelung deines selbst fällt dir zunehmend leichter. Nach und nach wird es dir sogar immer schwerer fallen, entgegen deiner eigenen Interessen zu handeln.

Indem wir geduldig und beständig daran arbeiten, unsere Seele von unvernünftigen Ansichten zu befreien, werden wir immer geschickter darin, die wahre Natur unserer schwachen Ängste, unserer Verwirrung in Liebesdingen und unserer mangelhaften Selbstkontrolle zu erkennen. Jetzt können wir damit aufhören, vor anderen in einem besseren Licht erscheinen zu wollen. Eines Tages werden wir dann mit innerem Vergnügen feststellen, dass wir damit aufgehört haben, ein imaginäres Publikum zufriedenstellen zu wollen.

Gut ist gut

❖

Das Gute existiert unabhängig von unserer Vorstellung davon. Das Gute ist in der Welt und war schon immer lebendig, sogar bevor die Menschheit die Erde bevölkerte.

Betrachte Konventionen mit Argwohn

Betrachte Konventionen mit Argwohn. Übernimm das Kommando über dein eigenes Denken. Rüttle dich selbst wach aus der Betäubung ungeprüfter Gewohnheit. Weitverbreitete Sichtweisen, Werte und eine festgelegte Art, Dinge zu tun, zeugen selten von Klugheit. Nur wenige allgemein anerkannte Ansichten würden der Prüfung ihrer Rationalität standhalten. Eine konventionelle Denkweise, sowohl im Mittel als auch im Ziel, ist im Wesentlichen unkreativ und langweilig. Ihre tatsächliche Aufgabe ist es, den Status quo für überbehütete Individuen oder Institutionen zu erhalten.

Auf der anderen Seite haben *neue* Ideen nicht unbedingt einen inhärenten Wert. Bewerte Ideen und sich dir eröffnende Chancen auf der Basis, ob sie lebensfördernd sind. Unterstütze alles, was Menschlichkeit, Gerechtigkeit, positives Wachstum, Freundlichkeit, Möglichkeit und Nutzen für die menschliche Gemeinschaft fördert.

Betrachte die Dinge, wie sie sich deiner Vorstellungswelt präsentieren; bedenke objektiv, was andere äußern, und bilde dir daraufhin deine eigenen Überzeugungen.

Von der Gesellschaft vertretene Ansichten sind häufig unzuverlässig. Sehr viele unserer Überzeugungen haben wir zufälligerweise oder durch unverantwortlichen oder unwissenden Unterricht anderer angenommen. Viele dieser

Überzeugungen sind so tief in uns verwurzelt, dass sie sich einer kritischen Selbstbetrachtung entziehen.

Undisziplinierte Menschen fristen ihr Leben in einer weitverbreiteten Trägheit, die gefährlich ansteckend wirkt, da uns nur selten gesündere Formen des Daseins eröffnet werden. Erwache und sei wachsam. Prüfe deine Verhaltensweisen sorgfältig, um dir deine höheren Maßstäbe zu bewahren. Nicht wenige behaupten im Brustton der Überzeugung, dass sie ihrer eigenen Rechtschaffenheit verpflichtet sind, geben sich aber gleichzeitig gedankenlosen oder unbeherrschten Handlungen hin. Sie gehen aufs Geratewohl vor, höhlen aber dadurch ihre anderweitig gut gemeinten Absichten aus, weil sie es versäumen, sich selbst zu prüfen und einen schlüssigen persönlichen Moralkodex zu formulieren, der ihnen die Richtung ihrer zukünftigen Handlungen weist. Höre nicht auf das, was eine andere Person *sagt*. Stattdessen beobachte genau, wie sie *handelt*, und ziehe die daraus nötigen Folgerungen.

Ebenso wie wir als Basis unseres Lebens unser eigenes Zuhause putzen, pflegen und ordnen müssen, sollten wir auch mit unserem Inneren verfahren. Denn bei Nichtbeachtung riskieren wir nicht nur den Einzug des Schlendrians, wir öffnen sogar dem Verderben unserer Seele Tür und Tor. Eine unorganisierte, diffuse Seele ist gefährdet, denn sie ist dem Einfluss besser organisierter, aber schadhafter Einwirkungen ausgesetzt.

Schenke nichts und niemandem dein Vertrauen außer dir selbst. Werde nicht müde, deinen Überzeugungen und Trieben gegenüber wachsam zu sein.

Charakterkraft ist unschlagbar

Der Unterschied zwischen Unterwiesenen und Uneingeweihten besteht darin, dass der Weise sich bewusst ist, dass mit Tugend ausgestattete Menschen unbesiegbar sind. Ein weiser Mensch kann nicht vom *Anschein* der Dinge getäuscht oder provoziert werden. Eingeweihte respektieren das enge Verhältnis, das wir mit dem Allerhöchsten haben, und verhalten sich dementsprechend als mitfühlende und ihrer selbst bewusste Bürger des Universums. Sie haben ein Verständnis dafür, dass das weise Leben, das uns Seelenfrieden bringt, auf unserer Übereinstimmung mit Natur und Vernunft beruht.

Sei ein Weltbürger

Du kannst nicht dein eigenes höchstes Glück anstreben, ohne dies gleichzeitig auch für andere zu betreiben. Ein Leben, das auf bloßem Selbstinteresse beruht, kann bei ehrlicher Bewertung niemals wertgeschätzt werden. Die Suche nach dem Allerbesten in uns selbst beinhaltet, dass wir aktiv um das Wohlergehen anderer besorgt sind. Unser Vertrag mit der Menschheit beschränkt sich nicht auf die wenigen Menschen in unserer unmittelbaren Umgebung, auf Berühmtheiten, Besitzende oder Gebildete, sondern gilt für alle unsere menschlichen Brüder und Schwestern.

Betrachte dich selbst als ein Mitglied einer weltweiten Gemeinschaft und handle entsprechend.

Betrachte deine innersten Sehnsüchte als schlichte Gegebenheiten

Deine innersten und geheimsten Sehnsüchte sollst du betrachten, als wären sie bloße Sachverhalte; so kannst du erkennen, wie unbedeutend und überspannt sie eigentlich sind. Es ist keine Schande, weltlichen Erfolg anzustreben, im Gegenteil, es ist völlig normal. Dein Problem liegt nicht in der Bestrebung selbst, sondern in der Art und Weise, wie du dabei vorgehst. Du erlaubst deinen ungestümen und törichten Begierden, deine Urteilskraft zu vernebeln. Du überschätzt den wahren inneren Wert deiner Bemühungen. Du nimmst an, dass es die Bestrebungen sind, die dich glücklich machen, damit verwechselst du aber das Ziel mit dem Mittel. Begreife, dass die Verfolgung solch unbedeutender Wünsche zwar natürlich ist, dass aber weder das Erreichen noch das Verfehlen derselben die geringste Auswirkung auf dein Glücklichsein hat.

Vom richtigen Gebrauch der Bücher

Behaupte nicht nur, dass du ein Buch gelesen hast. Zeige stattdessen, dass du durch die Lektüre gelernt hast, besser nachzudenken und fähiger in Urteil und Reflexion zu sein. Bücher sind die Trainingsgewichte des Gehirns. Sie sind hilfreich; allerdings wäre es ein großer Fehler anzunehmen, dass wir uns auf dem Pfad des Fortschritts befänden, nur weil wir den Gehalt eines Buches verinnerlicht haben.

Übe dich in Vorsicht in Gesellschaft anderer

❖

Zwei Dinge können passieren, wenn du dich mit anderen umgibst. Entweder wirst du wie deine Gefährten oder du gleichst sie dir an. Wenn ein kaltes Stück Kohle mit einem glühenden Gegenstück in Kontakt kommt, löscht entweder das Erste das Letztere aus oder das Zweite entzündet das Erste. Die Gefahr ist groß; übe dich in Besonnenheit, wenn du dich in persönliche Bindungen gibst, das gilt sogar und ganz besonders für leichtfertige Beziehungen.

Nur wenige von uns entwickeln die notwendige Standhaftigkeit, um unsere Mitmenschen auf unsere Bahn zu lotsen, so werden wir schlussendlich von der Menge mitgezogen. Unsere eigenen Werte und Ideale verschwimmen und werden befleckt, auch unsere Vorsätze werden wackelig.

Es fällt schwer, der Versuchung zu widerstehen, wenn unsere Freunde oder Bekannten damit beginnen, in derbe Redensarten zu verfallen. Wenn unsere Gesprächspartner uns überrumpeln und das Gespräch auf unehrenhafte Themen lenken, dann werden wir leicht von der sozialen Dynamik mitgerissen. Es liegt in der Natur von Konversationen, dass die Vieldeutigkeiten, Anspielungen und persönlichen Beweggründe in einer solchen Geschwindigkeit ineinander spielen, dass sie unvermittelt in eine ungute Richtung abgleiten und im Zuge dessen alle Beteiligten besudeln. Wähle sorgfältig aus, mit wem du dich einlässt, bis du deine weise Geisteshaltung derart verinnerlicht hast, als wäre sie Teil deines Instinktes und als wärst du dadurch in den Besitz machtvoller Selbstverteidigungsstrategien gekommen. Beobachte auch genau, in welche Richtung sich Konversationen bewegen, an denen du teilnimmst.

Verzeihe immer und immer und immer wieder

Im Allgemeinen bemühen wir uns alle nach besten Kräften.

Wenn jemand aber in barscher Weise mit dir spricht, missachtet, was du sagst, oder in einer Art und Weise handelt, die gedankenlos oder sogar unverhohlen böse erscheint, dann denke dir: »Wäre ich diese Person und hätte ich all das, was er oder sie erlebt hat, über mich ergehen lassen müssen, allen Kummer ausgehalten, hätte ich dieselben Eltern gehabt und so weiter, dann hätte ich wahrscheinlich Ähnliches gesagt oder getan.« Wir wissen nicht, auf welcher Geschichte die Handlungen anderer beruhen, daher sollten wir uns in Geduld üben und, die Grenzen unseres Verständnisses ihrer Situation anerkennend, uns in unserer Meinung über sie zurückhalten.

Das bedeutet jedoch nicht, dass wir böse Taten billigen oder dass wir den Gedanken gutheißen, dass unterschiedlichen Handlungen dasselbe moralische Gewicht innewohnt. Wenn dein Gegenüber entgegen dem handelt, was du dir wünschst, dann trainiere den Muskel deiner Gutwilligkeit, indem du mit den Schultern zuckst und dir selbst sagst: »Nun ja.« Daraufhin vergiss den Vorfall.

Versuche genauso, mit *dir selbst* so nachsichtig wie möglich zu sein. Miss dich nicht mit dem Maßstab anderer, auch nicht mit dem deines idealen Selbst. Menschliche Besserung verläuft langsam, indem man stetig zwei Schritte vorwärts und einen Schritt zurück macht. Verzeihe anderen ihre Vergehen immer und immer wieder. Dieses Verhalten fördert die innere Leichtigkeit.

Verzeihe auch dir selbst immer und immer und immer wieder. Dann versuche, es das nächste Mal besser zu machen.

Charakterkraft verlangt nach Konsistenz

Um ein tugendhaftes Leben zu führen, bedarf es der Konsistenz, auch wenn das nicht angenehm, bequem oder leicht ist. Es ist notwendig, deine Gedanken, Worte und Taten in Einklang zu bringen. Ein solcher Maßstab hebt sich von dem der Masse ab. Die meisten Menschen versuchen, ein wertvolles Leben zu führen und so gut wie möglich charakterkräftig zu sein; treffen sie dann aber auf erste Schwierigkeiten, werden sie unvermittelt von Mattigkeit übermannt. Sind deine Gedanken, Worte und Taten jedoch wie aus einem Guss, optimierst du deine Anstrengungen und beseitigst Furcht und Sorge. Das macht die Suche nach Charakterkraft leichter, wesentlich einfacher, als sich planlos und der momentanen Stimmungslage nach auf die Suche zu begeben.

Hast du dich der Ablenkungen oberflächlicher und illusionärer Vergnügungen entledigt und widmest du dich nun stattdessen deinen tatsächlichen Pflichten, kannst du zur Ruhe kommen. Bist du dir gewiss, dass du unter den gegebenen Umständen tatsächlich dein Bestes gegeben hast, kannst du getrost leichten Herzens sein. Du brauchst dir keine zusätzlichen Gedanken zu machen, musst dich für nichts entschuldigen, dich nicht herausreden oder dich schuldig oder reumütig fühlen. Du kannst einfach und klar deine nächste Aufgabe in Angriff nehmen.

Es ist wirklich ganz einfach: Wenn du dir etwas vornimmst, dann führe es aus. Wenn du etwas anfängst, dann bringe es zu Ende.

Vertraue deiner moralischen Intuition

Wir werden mit essenzieller Tugend geboren, ausgestattet mit einem natürlichen Gespür für das, was gut und wertvoll ist und was nicht. Dieses jedermann innewohnende moralische Grundgerüst muss im Laufe der Zeit jedoch gezielt und systematisch trainiert werden, um im endgültigen Reifezustand zur vollen Blüte zu gelangen.

Es ist ganz natürlich, von anderen geschätzt und geachtet werden zu wollen; es ist aber unsere Aufgabe, uns aus der Abhängigkeit von der Bewunderung, Ehrbezeugung oder auch deren Verweigerung anderer zu lösen. In guten wie in schlechten Zeiten kommt es auf den guten Willen an, mit dem du deinen Pflichten nachkommst – nicht auf das Ergebnis.

Lenke dein Interesse von dem ab, was du annimmst, was andere über das Ergebnis deiner Handlungen denken. Besinne dich stattdessen auf deine ursprünglichen moralischen Intuitionen und folge ihnen nach.

Sei Missetätern nicht böse

❖

Unsere ungeschulte Reaktion Kriminellen, Schurken und anderen Fehlgeleiteten gegenüber ist in der Regel Empörung und der Ruf nach Vergeltung. Missetäter müssen richtig verstanden werden, um die korrekte Antwort auf ihr Verhalten zu finden. Die geeignete Erwiderung auf böse Taten ist Mitleid mit den Tätern, denn sie haben wenig stichhaltige Überzeugungen angenommen und leiden unter einem Mangel an der wertvollsten aller menschlichen Fähigkeiten: dem Vermögen zu unterscheiden, was tatsächlich gut oder schlecht für sie ist. Ihr ursprüngliches moralisches Gespür wurde verzerrt; es ist ihnen dadurch verwehrt, innere Gelassenheit zu erreichen.

Wann immer jemand töricht handelt, bemitleide sie oder ihn, anstatt dich Hass und Zorn hinzugeben, wie es so viele andere tun. Wir sind nur deshalb so aufgebracht über dumme Toren, weil wir uns erlauben, die Dinge, die sie uns wegnehmen, zu vergöttern.

Das einzige prosperierende Leben ist ein Leben in Charakterkraft

❖

Tugend ist unser Ziel und unsere Aufgabe. Die Charakterkraft, die zu einem kontinuierlich glücklichen Leben führt, beruht nicht auf einem gegenseitigen Abkommen im Sinne von: »Ich tue Gutes, um etwas zu bekommen.« Die Tugend selbst ist gleichzeitig Übung *und* Belohnung. Tugend ist nicht demonstrative Frömmigkeit oder zur Schau gestellte feine Umgangsumformen. Sie ist vielmehr eine lebenslange Abfolge subtiler Veränderungsprozesse unseres Charakters. Durch die stetige Feinabstimmung unserer Gedanken, Worte und Taten werden diese in eine zunehmend gesunde Richtung gewiesen. Charakterkraft zeigt sich in unseren Intentionen und Handlungen, nicht im Ergebnis.

Warum sollten wir uns um Tugendhaftigkeit bemühen? Ganz einfach: um ein glückliches, ruhiges und sorgenfreies Dasein zu genießen. Wenn du aktiv daran arbeitest, dich schrittweise weiterzuentwickeln, dann gibst du die bequeme Angewohnheit auf, dich selbst zu schützen oder faule Ausreden zu erfinden. Anstatt das permanente Gefühl eines unterschwelligen Schuldgefühls mit dir herumzutragen, schreitest du jetzt flott voran, indem du das kreative Potenzial des *jetzigen* Moments wahrnimmst, das deiner derzeitigen Lebenssituation. Du beginnst, den momentanen Augenblick zu leben, anstatt dich in Ausflüchten zu verlieren oder dir zu wünschen, dass die Dinge anders verliefen, als sie sich darstellen. Du gehst *durch* dein Leben, indem du vollständig *in* ihm bist.

Das tugendhafte Leben hält die folgenden Schätze für dich bereit: dein eigenes richtiges Handeln, deine Redlichkeit, Ehrlichkeit und Anständigkeit. Charakterkraft wird nicht in abgestufter Form erreicht, sie ist etwas Absolutes.

Das Gute mit Feuereifer erstreben

Erstrebe das Gute mit Feuereifer. Sollten deine Anstrengungen jedoch nicht genügen, akzeptiere das Ergebnis und schreite fort.

Was wichtig ist und was nicht

❖

Dies ist unser Dilemma: Immer und immer wieder verlieren wir aus den Augen, was wichtig ist und was nicht. Wir ersehnen Dinge, über die wir keinerlei Macht haben, und sind nicht zufrieden mit den Dingen, die unter unserer Kontrolle stehen.

Wir müssen regelmäßig innehalten und Bilanz ziehen; uns in Ruhe hinsetzen und mit uns selbst ausmachen, was von uns als wertvoll erachtet wird und was nicht; welche Risiken den Aufwand wert sind und welche nicht. Auch die verwirrendsten und schmerzlichsten Aspekte des Lebens können mithilfe einer klaren Sichtweise und durch Entschlossenheit erträglicher gemacht werden.

Vernunft ist die höchste Instanz

Rationalität ist nicht alles. Zu vielen Lebensbereichen ist ihr der Zugang verwehrt. Die größten Geheimnisse des Lebens bleiben ihr verborgen. Trotzdem ist unsere Vernunft die beste Anlage, die wir haben, um uns unsere Integrität zu bewahren. Den meisten Menschen fehlt die Fähigkeit, hergeleitete Argumente korrekt anzuwenden oder logische Gebilde richtig zu gebrauchen, daher zeigen sie ein Benehmen, das von Willkür, Überreaktion und Verwirrung geprägt ist, und es ist ein Leichtes, sie in die Irre zu führen.

Eine klare Denkweise ist keine blutarme Kunst. Die Aufgabe der Vernunft ist es, unsere Annahmen zu prüfen, sowohl unsere Deutung von Vorkommnissen als auch unsere Methoden, wie wir zu den jeweiligen Deutungen gelangt sind. Die Vernunft ist kein Endpunkt, sondern ein unentbehrliches Werkzeug. Fragen sind die Motoren der Vernunft. Daher müssen wir lernen, Fragen klug anstatt gefühlsmäßig zu formulieren. Ist unsere Fähigkeit, klar zu denken, beeinträchtigt, kann unser moralisches Dasein verschwommen und mehrdeutig werden. Vernunft kann richtig von falsch unterscheiden, auch eine tiefe Wahrheit von einer unbedeutenden. Die Zeichen vernünftigen Denkens sind Klarheit, Konsistenz, Sorgfalt, Präzision in der Definition und das Vermeiden von Mehrdeutigkeiten.

Beeile dich, die klare Denkungsart zu erlernen, sodass du dich selbstsicher auf einen komplexen Meinungsaustausch einlassen kannst und nicht so leicht aus der Bahn geworfen wirst.

Lerne, dich selbst zu heilen

❖

Dein unablässiges *Streben* nach Weisheit verzögert deinen Besitz derselben. Höre auf, allen möglichen Wunderelixieren und neuen Lehrern hinterherzujagen. Der allerneueste Guru, das jüngste Buch, die aktuellste Diät oder Glaubensmeinung bringen dich dem Ziel des blühenden Lebens nicht näher, mögen sie auch noch so neu und modern sein. Nur du allein bist dazu fähig. Löse dich ein für alle Mal von Äußerlichkeiten.

Praktiziere Autarkie. Verbleibe nicht im Stadium des abhängigen, formbaren Patienten: Werde zum Arzt deiner eigenen Seele.

Halte deinen Kurs, in Sonne wie in Sturm

Gleichgültig, was um dich herum vorgeht, mache das Beste aus dem, was in deiner Macht steht, und nimm den Rest hin, wie er dir geschieht.

Sei dankbar

Eine stets praktizierte dankbare Haltung trägt zu einem glücklichen Leben bei. Wenn wir das, was jedermann geschieht, unter einem allumfassenden Blickwinkel betrachten und lernen, den Wert von Gegebenheiten zu schätzen, dann ist es völlig natürlich, dem Höchsten aller Dinge für alle Vorkommnisse in der Welt dankbar zu sein.

Wichtige Angelegenheiten dürfen nicht beiläufig besprochen werden

Angelegenheiten, die für dich von großer Wichtigkeit sind, solltest du nicht beiläufig mit Menschen diskutieren, die dir nicht wichtig sind. Deine Angelegenheit verliert dadurch ihre Kostbarkeit und du untergräbst dadurch deine eigene Zielsetzung. Das gilt besonders dann, wenn du mit deinem Vorhaben gerade erst begonnen hast. Andere stürzen sich wie Geier auf deine Ideen. Sie scheuen sich nicht, das, was dir am meisten am Herzen liegt, ungeniert auf ihre Art zu interpretieren, zu beurteilen und zu verdrehen und dir dadurch den Wind aus den Segeln zu nehmen. Lasse deine Ideen und Pläne ausreifen, bevor du sie den Schwarzmalern und Banalisierern präsentierst.

Die meisten Menschen können auf neue Ideen nur reagieren, indem sie sich auf deren Unzulänglichkeiten stürzen, anstatt zu versuchen, ihren potenziellen Wert auszumachen. Übe dich in Selbstbeherrschung, sodass dir dein Enthusiasmus nicht verloren geht.

Was uns wirklich glücklich macht

Alle Menschen suchen das glückliche Leben, viele verwechseln allerdings die Mittel – zum Beispiel Reichtum oder Status – mit diesem Leben selbst. Das fehlgeleitete Hauptaugenmerk auf die Mittel für ein gutes Leben entfernt uns tatsächlich immer weiter von einem wirklich glücklichen Dasein. Die wirklich wertvollen Dinge sind die charakterstarken Handlungen, die ein blühendes Leben ausmachen, nicht die äußerlichen Mittel, die es scheinbar herbeiführen.

Die Macht der Gewohnheit

Jede Gewohnheit und Fähigkeit wird erhalten und vertieft durch die ihr zugehörigen Handlungen: Die Gewohnheit des Gehens macht uns zu besseren Fußgängern, regelmäßiges Laufen macht aus uns bessere Läufer. Dasselbe gilt für die Angelegenheiten der Seele. Jedes Mal, wenn du wütend wirst, verstärkst du deine Wut; du hast eine Gewohnheit verfestigt und Öl ins Feuer gegossen.

Möchtest du kein wütendes Naturell haben, dann verstärke nicht die Gewohnheit. Gib ihr nichts, was ihr hilft, sich zu steigern. Halte dich am Anfang zurück und zähle die Tage, an denen du nicht wütend warst. »Zuerst wurde ich jeden Tag wütend; dann nur noch jeden zweiten Tag; bald nur noch jeden dritten und vierten Tag.« Mit der Zeit schwächt sich die Gewohnheit zuerst ab, um schließlich vollständig von einer weiseren Reaktion abgelöst zu werden.

Der jetzige Moment zählt

Sorge dich um den *jetzigen* Moment. Tauche in seine Einzelheiten ein. Reagiere auf *diese* Person, *diese* Herausforderung, *diese* Handlung.

Gib die Ausflüchte auf. Höre auf, dir selbst unnötige Schwierigkeiten zu bereiten. Die Zeit ist gekommen, wirklich zu leben und die Momente, in denen du dich wiederfindest, vollständig wahrzunehmen. Du bist kein unbeteiligter Beobachter. Nimm teil. Betätige dich.

Respektiere deine Partnerschaft mit dem Schicksal. Stelle dir häufig die Frage: Wie kann ich diese vor mir liegende Handlung so ausführen, dass sie in Übereinstimmung und Akzeptanz mit dem göttlichen Willen ist? Beherzige die Antwort und mache dich an die Arbeit.

Ist deine Tür verschlossen und dein Zimmer dunkel, bist du trotzdem nicht allein. Der Wille der Natur wohnt ebenso in dir wie dein ganz eigener Genius. Höre auf seine Anstöße. Folge seinen Anweisungen.

Was die Kunst des Lebens anbetrifft, so ist der Werkstoff dein eigenes Dasein. Nichts Großartiges wird unvermittelt erschaffen. Alles braucht seine Zeit.

Gib dein Bestes und sei stets liebenswürdig.

ANHANG: EINBLICKE IN EPIKTET UND SEINE WELT

von Sharon Lebell

Epi-wer? Wie ein 2000 Jahre alter toter weißer Mann mein Leben veränderte

Es war ein glücklicher Zufall, der mich – eine gestresste Mutter von sechs Kindern und Teilzeitmusikerin, die um das dritte Jahrtausend herum in einer kleinen Stadt in Nordkalifornien lebte – zum unerwarteten Sprachrohr für einen fast vergessenen antiken Weisen des Westens werden ließ. Dieser Weise war Epiktet und wurde im Jahr 55 n. Chr. als Sklave am östlichen Rand des Römischen Reiches geboren.

Ich verdiene meinen Lebensunterhalt mit dem Schreiben inspirierender Bücher. Mitte der 1990er-Jahre hatte ein Lektor meines Verlages – HarperSanFrancisco – eine Vorahnung, die sich als erstaunlich weitsichtig erwies. Er prognostizierte, dass die damalige Faszination der Babyboomer für auf die rechte Gehirnhälfte abzielende, erleuchtungsorientierte östliche Religionen – insbesondere den Buddhismus – bald von einer neuentdeckten Wertschätzung unserer linkshälftigen, moralbasierenden westlichen philosophischen Tradition und ihrer Fundgrube an praktischer Lebensweisheit abgelöst würde. Diesen geistigen Sinneswandel vorausahnend ermunterte er mich, eine zeitgemäße Interpretation (keine Übersetzung!) der wichtigsten Lehren Epiktets zu verfassen, ähnlich der leichten Lektüre des *Tao Te Ching* von Stephen Mitchell.

Wow!, dachte ich damals. Epi-wer? Er meinte hier selbstverständlich Epikur, oder? Den Vergnügungstypen?

Ähnlich den meisten meiner Zeitgenossen beinhaltete meine von jeglichem klassischen Inhalt befreite Erziehung keine intensive Lektüre stoischer Philosophie – und Epiktet ist einer ihrer grundlegenden Verfechter. So musste ich fieberhaft meine Hausaufgaben machen, um herauszufinden, wer um Himmels willen dieser tote, weiße, antike Kerl war.

Wie sich herausstellte, war Epiktet einer der weisesten Lehrer, egal, ob in der östlichen oder westlichen Philosophie, den die Welt je gesehen hat. Er formulierte eine Art zu leben, die zu dauerhaftem Glück, zu Seelenruhe und zu äußerlicher persönlicher Wirksamkeit führt. Je mehr ich nun in die zwei überlieferten Dokumente dieses vergessenen Philosophen eintauchte, das *Handbüchlein der Moral* und die *Unterredungen*, desto mehr zog mich diese inspirierende und freiheitliche Philosophie in ihren Bann. Zuerst war ich skeptisch, da zum Beispiel Epiktets Betonung von Pflicht und Anstand für jemanden aus meiner Generation auf den ersten Blick altmodisch und rigide erscheinen mag. Und seine wiederholte Ermahnung, den Unterschied zwischen dem zu verstehen, was unter unserer Kontrolle steht, und dem, was nicht, stand in scharfem Kontrast zu meinem scheinbar unbezähmbaren Verlangen, Resultate beeinflussen zu wollen. Je mehr ich mich aber mit Epiktet beschäftigte und auf das achtete, was er uns wirklich sagen wollte, desto mehr kam ich zu der Erkenntnis, dass er uns eine überaus brauchbare und beständige Herangehensweise an die Hand gibt, wie wir mit Widrigkeiten, Angst und Trauer umgehen können. In Epiktets Philosophie findet sich ein Geist der Erhebung, der Widerstandskraft, der Freundlichkeit und auch der einer inneren zuversichtlichen Lebensfreude. Nun, davon möchte ja wohl jeder etwas abhaben.

Welches war aber nun mein Zielpublikum für die essenziellen Weisheiten eines 2000 Jahre alten griechischen Philosophen? Ich war kein ordentliches Mitglied einer philosophischen oder klassischen Universitätsfakultät. Weder war ich alt, verstaubt oder weise, noch hatte ich einen Bart, und vor allem: Ich war kein Mann. Weder verstand ich Griechisch, noch fand ich Gefallen an sportlichen oder militärischen Metaphern, wie sie gerne von bestimmten Typen – auch von Epiktet – benutzt werden, ganz egal, ob es sich dabei um einen verehrungswürdigen antiken Weisen oder um einen vorlauten Rüpel in einer Sportsbar handelt. Und wie die meisten meiner Mitmenschen hatte ich keine Zeit und Muße, mich endlos mit philosophischen Konzepten auseinanderzusetzen.

Aber das war alles nicht wichtig. Das Besondere an Epiktets Philosophie ist, dass es ihm nicht wirklich darauf ankam, in welcher Lebenslage sich jemand befand. Ob zukünftiger römischer Kaiser wie Epiktets berühmtester Schüler Mark Aurel, ob hinkender ehemaliger Sklave wie Epiktet selbst oder kalifornische Mutter mit einer Veranlagung für Melodramen, deren Haus meistens aussieht, als wäre gerade ein Sturm hindurchgefegt – Epiktets Philosophie ist für alle da, die sich gerade mit alltäglichen Dingen auseinandersetzen müssen, Sehnsüchte, Probleme oder bedrückenden Kummer haben, die sich mit Eitelkeiten und übergroßen Ambitionen herumschlagen, aber auch und gerade für die Augenblicke unbeschreiblicher Freude, Momente süßen Triumphs und die Tage, an denen man sich fühlt, als hätte man ausschließlich Rückenwind. Epiktet ist einfach für uns alle da.

Mein Leben sieht genau so aus wie das der meisten anderen; wir alle müssen uns täglich mit allen möglichen Lebenslagen auseinandersetzen, müssen Probleme lösen, Gelegenheiten erkennen und nutzen, Menschen lieben und sie – im Idealfall – nicht verletzen, Augenblicke wahrnehmen, Talente fördern, uns Wissen aneignen, möglicherweise zankende Kinder zähmen und Zähne putzen. Und solltest du, genau wie ich, ein ganz *normaler* Mensch sein, vielleicht sogar ein überaus unvollkommener Mensch – also kein Berufsspiritueller wie ein Mönch, Heiliger, Bodhisattva, Avatar, Tulku, Priester oder spiritueller Besserwisser, der seine Weisheit in Webinaren verbreitet oder Werbung für seine Website macht –, dann hat dir der Stoizismus Epiktets eine Menge zu bieten, denn es ist eine *lebensnahe* Philosophie für reale Menschen, die ein reales Dasein führen.

Es ist eine Philosophie für Menschen, die Fehler machen und Dinge bereuen. Es ist ebenso eine Philosophie für Menschen, die erwachsen sind. Stoizismus verlangt von dir, mit der Jammerei aufzuhören, keine billigen Ausflüchte mehr zu suchen und das dir gegebene Problem anzugehen, das darin besteht, dass sich dein Leben in jedem Moment quasi *weglebt* und dass du herausfinden musst, was du dem entgegenzusetzen hast. Epiktet droht dir mit seinem verständigen Finger und sagt: »Ich weiß, dass du viel beschäftigt bist, deshalb wollen wir uns nicht mit arbeitsintensiven, langfristigen und vielleicht vergeblichen Bemühungen abgeben, wie dem Versuch, erleuchtet zu werden oder einen verzückten mystischen Geisteszustand zu erreichen. Wir bleiben auf dem Boden der Tatsachen. Lass uns den Versuch beginnen, das sinnvollste Leben anzustreben, das unter deinen jetzigen ganz persönlich gegebenen Umständen möglich ist. Lass uns die Aufgabe in Angriff nehmen, dein bestes persönliches Selbst zu sein.« (Wir dürfen nicht vergessen, dass er damit einen stufenweisen Prozess meint und keine urplötzliche Verwandlung. Epiktet ist sehr realistisch, was menschliches Potenzial und Leistungswillen betrifft; gleichzeitig ist er aber auch überaus humanistisch-teilnahmsvoll.) Wäre Epiktet heute am Leben, dann ist es plausibel anzunehmen, dass seine wesentliche Aufforderung an uns alle ungefähr folgendermaßen lautet: »Lasst uns aufhören zu versuchen, Heilige oder Mystiker zu sein. Stattdessen lasst uns zu Menschen werden (also ganz und gar ehrenhafte und vernünftige Erdenbürger).

Ein unerwarteter positiver Nebeneffekt der Interpretation von Epiktets Lehre war, dass ich entdecken konnte, dass ich Teil eines kleinen, aber wachsenden Zirkels bin, dessen Mitglieder still und ohne Frömmelei versuchen, ein aufrechtes und anständiges Leben zu führen. Dies scheint ein erstrebenswertes Ziel zu sein, aber leider ist es seltener anzutreffen als erhofft. Epiktet wiederauferstehen zu lassen, war eine überraschend dankenswerte Erfahrung, und ich hoffe, dass seine hilfreiche Führung Inspiration und Trost für den großen Leserkreis bereithält, der seinem brillanten Gedankengut angemessen ist.

Warum sollte jemand ausgerechnet zum Stoiker werden?

Solltest du dich deinem Gegenüber mit einem fröhlichen »Hallo, ich bin ein Stoiker!« vorstellen, ist es sehr wahrscheinlich, dass die Zahl deiner Verabredungen sich in Grenzen halten wird. Stoiker täten gut daran, einige gute PR-Manager und Werbeberater anzuheuern, denn Stoiker werden unglücklicherweise oft durch Unwissenheit und Missverständnisse in ein falsches Licht gerückt. Wenn ich andere frage, was sie sich unter einem Stoiker vorstellen, dann folgen in der Regel Schlagworte wie düster, ernst und humorlos. Stoiker kennen der weitverbreiteten Meinung zufolge weder Jubel noch Freude noch Spaß. Es ist kein Wunder, dass der Stoizismus kein besonders gutes Image besitzt.

Aber stimmen diese Beschreibungen? Sind sie fair? Und selbst wenn wir sie in Betracht ziehen würden, meinetwegen auch lediglich als bloße Karikatur, warum würde jemand, der halbwegs bei Sinnen ist, zum Stoiker werden wollen? Überhaupt, was mag die antike Philosophie des Stoizismus uns modernen Menschen zu bieten haben? Ist Stoizismus immer noch relevant und kann er uns auch im 21. Jahrhundert noch von Nutzen sein?

Um diese Fragen zu beantworten, müssen wir einige Mythen über den Stoizismus zerpflücken: Was er ist, was er nicht ist, und was die Anziehungskraft der stoischen Philosophie tatsächlich ausmacht. Das ist eine Herausforderung, wenn man es wie ich kurz halten will, aber wir wollen es versuchen.

Zunächst wollen wir feststellen, was Stoizismus nicht ist. Es ist keine Aufforderung, Schmerz oder Widrigkeiten ungefragt hinzunehmen. Es ist auch kein schicker Ausdruck dafür, die eigenen Emotionen zu verdrängen oder dem Leben reserviert zu begegnen. Tatsächlich beinhaltet die stoische Theorie eine moralische Strenge und Rechtschaffenheit, die scheinbar nicht mit der impulsiven Spaßkultur in Einklang zu bringen ist, in der wir leben. Tatsächlich aber ist die stoische Ethik perfekt mit den Idealen vereinbar, die die meisten Menschen für sich selbst und für die gesamte Menschheit in sich tragen. Ein Beispiel: Viele von uns haben sich daran gewöhnt, in einer Welt zu leben, in der es nur darum geht, zu bekommen, was einem zusteht, ganz nach dem Motto »Nach mir die Sintflut«. Wir haben gelernt, uns in dieser Welt zu bewegen, indem wir nach außen hin gut aussehen und stets unsere eigenen Interessen durchsetzen. Aber das ist nicht, wie die meisten von uns tatsächlich ihr Leben verbringen möchten. Zumindest ist das nur ein Teil des Gesamtbildes. Ich glaube, dass sich die meisten von uns tief in ihrem Inneren danach sehnen, erfolgreich die notwendigen Angelegenheiten des Lebens zu regeln, dazuzugehören und möglicherweise in einer vertrauensvolleren, höflicheren, großherzigeren und zivilisierteren Welt zu leben. Die meisten von uns sind aber nicht dazu bereit, der dumme Esel zu sein und den ersten

Schritt zu tun. Niemand will die Rolle des Trottels übernehmen. Keiner will die harte Arbeit machen. Nicht, dass wir zu faul sind: Die meisten fürchten sich einfach und schrecken vor den Unwägbarkeiten des Lebens zurück.

So fristen wir unser Leben als vermeintlich anständige Menschen, vielleicht nicht gerade außergewöhnlich vorbildlich, aber ausreichend und glaubhaft gut. Unsere Gedanken, Worte und Taten entsprechen den sozial akzeptablen Standards, die es ermöglichen, Freundschaften zu führen, die Wirtschaft vorwärtszutreiben und öffentlichen Aufruhr zu verhindern. Währenddessen sehnen wir uns heimlich nach etwas, ja fühlen sogar oft eine seltsame Nostalgie für etwas, das nur mit dem Wort Tugend ausgedrückt werden kann, mag es auch noch so altmodisch klingen. Die Stoiker verstehen, dass das, was der moderne Mensch als frei schwebenden Angstzustand empfindet, als Verlangen nach wirklicher Intimität, als Entwurzelung und mangelnde Sinnfindung oder auch als das unauslöschliche Gefühl des Verlustes, in Wirklichkeit die Folge unserer Selbstentfremdung von der Tugend und dem Streben danach ist. Hier nun schlägt die Stunde der Stoiker, und sie haben uns tatsächlich einiges zu bieten. Stoiker sind ganz ungeniert tugendhaft. Stoiker zu sein, bedeutet, die Seiten zu wechseln und Tugend höher zu schätzen als Coolness, Eigendefensive oder Übervorsicht. Der Stoizismus betrachtet die Tugend als ein einzigartiges und bedingungsloses Gut. Andere Dinge wie Freundschaft, Liebenswürdigkeit, Liebe oder Schönheit sind äußerst wertvoll, aber nur bedingt gut. Die Tugend hat die absolute Herrschaft. Und die Tugend zeigt uns den Weg zurück zu uns und zu einem wahrhaft aktiven Gefühl der Gemeinschaft mit anderen. Die Stoiker verlangen von uns, dass wir unsere coole und ironische Ablösung von uns selbst und unserem Gegenüber gegen Freiheit eintauschen. Gegen Freiheit von unsäglichem Leid, Einsamkeit, Erschöpfung und Selbstzweifeln, die uns plagen. Kein schlechtes Geschäft.

Das mag sich anstrengend anhören und ist vielleicht zu viel für uns normal Sterbliche. Wer von uns will sich schon auf einen solch moralisch strapaziösen Marsch einlassen wie den, tugendhaft zu leben? Tugendhaft zu leben, klingt vielleicht gut, aber gleichzeitig auch schwierig. Es klingt mühsam und kein bisschen spaßig. Also noch mal dieselbe Frage: Warum sollte jemand ein Stoiker werden wollen? Es gibt viele Gründe, sogar sehr gute. Dabei dürfen wir aber nicht vergessen, dass es vielerlei Arten des Stoizismus gibt. Da ist zum einen der Stoizismus des Zenon von Kition, dem Begründer des Stoizismus (ca. 335–263 v. Chr.). Dann ist da der Stoizismus des Chrysippos von Soloi (ca. 280–207 v. Chr.). Betrachten wir den Zeitraum ab Christi Geburt, so kennen wir den Stoizismus des Musonius Rufus im 1. Jahrhundert, gefolgt von Epiktets Lehre selbst und der des Römischen Kaisers Mark Aurel (121–180 n. Chr.). Hellenisten teilen den Stoizismus in vier Perioden in chronologischer Abfolge auf: die frühe Stoa (300–150 v. Chr.), die mittlere Stoa (150–55 v. Chr.), die späte (oder Römische) Stoa (1. Jahrhundert v. Chr. bis

3. Jahrhundert n. Chr.) und schließlich den Neostoizismus (1584 n. Chr. bis heute). Epiktets Stoizismus zielte besonders auf Heilung und Entwicklung ab, lässt sich jedoch am besten in dem größeren theoretischen Rahmen verstehen, den er mit anderen Perioden des Stoizismus teilt. Ebenso wenig wie unsere sozialen und emotionalen Innenwelten aufgeräumte und unzweideutige Systeme sind, gilt dasselbe auch für den Stoizismus und die stoische Ethik. Allerdings sind gemeinsame Strömungen zu erkennen und Zusammenhänge zwischen den verschiedenen Richtungen. Allen Arten des Stoizismus wohnt eine gemeinsame Anziehungskraft inne: Sie bieten eine Philosophie der emotionalen Steuerung im Dienste von dauerhaftem inneren Frieden und Lebensglück.

Stoische Überzeugungen spenden Trost und stärken den menschlichen Geist, ohne dass die Vernunft dafür geopfert werden muss. Im Gegenteil: Anders als einige Religionen, die eine Unterordnung der Vernunft unter den Glauben verlangen, ist die Vernunft (*logos*) der Ausgangspunkt für stoische Überzeugungen und für die Kraft und Nachhaltigkeit, die ein solcher Glaube bereitstellt. Der Stoizismus stellt exzellente Heilmittel für etliche häufig anzutreffende und unausweichliche menschliche Zustände, Störungen oder, wie die Stoiker es vielleicht nennen würden, Krankheiten der Seele, bereit.

Das Leben wird dir eines Tages – und vielleicht hast du das bereits erlebt – sprichwörtlich gesprochen ein Bein stellen. Es wird dir auf die ein oder andere Art und Weise eine richtige Breitseite verpassen. Kein Mensch, egal ob arm oder reich, bleibt davon verschont. Das Leben gibt. Das Leben nimmt. Es ist sehr wahrscheinlich, dass du irgendwann im Laufe deines Lebens etwas oder jemanden verlieren wirst, das oder der dir sehr am Herzen liegt. Vielleicht ist es ein Zuhause, ein Arbeitsplatz, eine Ehe, ein Freund, dein hochgeschätztes Eigentum, dein Selbstwertgefühl, deine Bewegungsfähigkeit, deine Würde, deine Gesundheit oder etwas anderes; es ist an dir, nun einen Weg zu finden, wie du weitermachen kannst und wie es möglich ist, trotz dieses potenziell verheerenden Verlustes weiterhin ein lebenswertes und sinnvolles Leben zu führen. Der Stoizismus kann dir in diesen Zeiten ein stabiler und verlässlicher Begleiter sein, ein Leuchtfeuer, das den Weg zum gegenüberliegenden Ufer der Hoffnung aufzeigt.

Viele von uns kommen an einen Punkt in unserem Leben, an dem wir das Gefühl nicht loswerden, dass wir im Verlauf unseres Lebens unser jüngeres, vitaleres und weitherzigeres Selbst betrogen haben, indem wir uns einem Leben hingegeben haben, das aus Pflichtgefühl oder monotonen, nicht hinterfragten Handlungen bestand. Wir fühlen uns gefangen, als würden wir unserer Bestimmung Gewalt antun, unsere eigentliche Natur ignorieren oder sie sogar mit Füßen treten, als ließen wir unser bestes Selbst hilflos zurück. Unsere Aufmerksamkeit wurde zerteilt und zerstückelt; von Zeit zu Zeit hören wir den Ruf, mit unserer Natur im Einklang zu leben, aber wir wissen nicht, wo wir mit dieser Reise in unser ureigenes Zuhause, der Reise zur Tugend, beginnen sollen. Stoische Philosophie kann uns unser besseres Selbst eröffnen und uns behutsam, Schritt für Schritt, zu ihm zurückführen.

Möglicherweise ertappen wir uns, wie wir roboterhaft vor uns hin leben, angepasst an kulturelle Normen, die, wie wir erkennen müssen, auf falschen Überzeugungen beruhen. Der Stoizismus kann hervorragend die sozialen Irrtümer und persönlichen Verblendungen aufdecken, die unsere Fähigkeit mindern, mit anderen in echte Verbindungen zu treten, die unsere Sinnhaftigkeit schwächen oder die das Triviale anstelle des Lebendigen und Wahren belohnen. Stoizismus lehrt uns, zwischen echter Erfüllung und simpler Befriedigung, zwischen selbstsicherer Lebensfreude und nervöser und leichtfertiger Anhäufung, zwischen Seelenfrieden und unruhigem, unausgefülltem Ehrgeiz zu unterscheiden.

Warum ist die antike Philosophie des Stoizismus auch im 21. Jahrhundert noch immer von Bedeutung, vielleicht heutzutage mehr als jemals zuvor? Der Stoizismus ist eine Philosophie, die uns vor allem lehrt, wie wir unter Unmengen an Auswahlmöglichkeiten eine weise Wahl treffen können. Und ist es nicht genau das, was wir heute haben? Auswahl bis zum Abwinken? Mit der modernen Informationstechnologie und der weltweiten Vernetzung waren wir gezwungen, uns innerhalb einer sehr kurzen Zeit an eine atemberaubende Menge von Informationen und Auswahlmöglichkeiten anzupassen. Leider wurde jedoch kein Handbuch mitgeliefert, das uns lehren könnte, diese Flut von Wahlmöglichkeiten zu bewältigen. So befinden wir uns im Blindflug, was für die meisten von uns bedeutet, dass wir täglich bestimmten Informationen nachgeben, auf sie reagieren oder mit ihnen interagieren. Das sind in der Regel diejenigen Informationen, die uns bekannt vorkommen, die am lautesten auf uns einschreien oder die uns am hartnäckigsten bedrängen. Stattdessen sollten wir einen Schritt zurücktreten, um sie zu sortieren und nach ihrer Ehrenhaftigkeit und ihres positiven Beitrages zu bewerten. Anders ausgedrückt, wir sollten prüfen, wie tugendhaft jene Informationen sind.

Der Stoizismus Epiktets hat uns viel zu bieten, vor allem ist er ein exzellenter Leitfaden, um uns aus unserer auswahlübersättigten Dumpfheit und unserer Verwirrtheit herauszureißen, damit wir unsere Aufmerksamkeit auf Menschen und Dinge lenken, die tatsächlich von Bedeutung sind. Der Stoizismus unterzieht unsere Gedanken, Worte und Taten einer genauen Prüfung, um uns dabei zu helfen, ein klarsichtiges, edelmütiges und – ja, tugendhaftes Dasein zu führen.

Über die Autorin

Sharon Lebell ist Autorin philosophischer Schriften und eine aktive Musikerin. Sie lebt im Norden Kaliforniens. Sie ist Autorin von *Naming Ourselves, Naming our Children* sowie Co-Autorin von *Die Musik der Stille.*

Weiterführende Literatur

Farnsworth, Ward: *Der praktizierende Stoiker*. FinanzBuch Verlag 2021

Fideler, David: *Frühstück mit Seneca. Ein philosophischer Leitfaden für ein glückliches Leben*. FinanzBuch Verlag 2022

Gehrmann, Anne: *Die Stoikerin*. FinanzBuch Verlag 2023

Irvine, William: *Eine Anleitung zum guten Leben*. FinanzBuch Verlag 2020

Musonius Rufus, Gaius: *Die Kunst, trotz Mühsal gut zu leben*. FinanzBuch Verlag 2022

Pigliucci, Massimo: *Das Handbuch des glücklichen Lebens*. FinanzBuch Verlag 2022

Polat. Brittany: *Das Stoizismus-Journal: Ein 90-Tage-Programm für ein Leben mit mehr Gelassenheit, mehr Achtsamkeit und weniger Voreingenommenheit*. FinanzBuch Verlag 2024

Robertson, Donald: *Stoizismus und die Kunst, glücklich zu sein*. FinanzBuch Verlag 2021

Salzgeber, Jonas: *Das kleine Handbuch des Stoizismus*. FinanzBuch Verlag 2019

Sherman, Nancy: *Stoische Weisheit. Alte Lektionen für moderne Resilienz*. FinanzBuch Verlag 2022